Carola Böhmer
Fasanenweg 52
61130 Nidderau

Leonardo 1

Mathematik

Herausgegeben von
Doris Mosel-Göbel und Martin Stein

Erarbeitet von
Caroline Armbruster, Claudia Brall,
Christa Greven, Heidrun Grottke,
Barbara Hägele-Gulde, Gabriele Hinze,
Brigitte Hölzel, Ursula Keunecke,
Anette König-Wienand, Klaus Rödler
und Gisela Schobbe

D1727595

Verlag Moritz Diesterweg
Frankfurt am Main

Inhaltsübersicht

Ich bin ein Schulkind

Elena, 6

Tim, 6

Nino, 7

Max, 7

Amal, 6

Sina, 6

Felix, 6

Sara, 6

Jonas, 5

Lea, 6

Es sind _____ Kinder.

Kindergruppe in Leonardo betrachten; Anzahl der Kinder als Strichliste oder Ziffer eintragen.

Name: _____

Alter: _____

Foto einkleben oder Ich-Bild malen; Name und Alter eintragen.

Das sind die Zahlen von 1 bis 10

Würfel legen; zählen; Menge und Zahl verbinden; Ziffern schreiben.

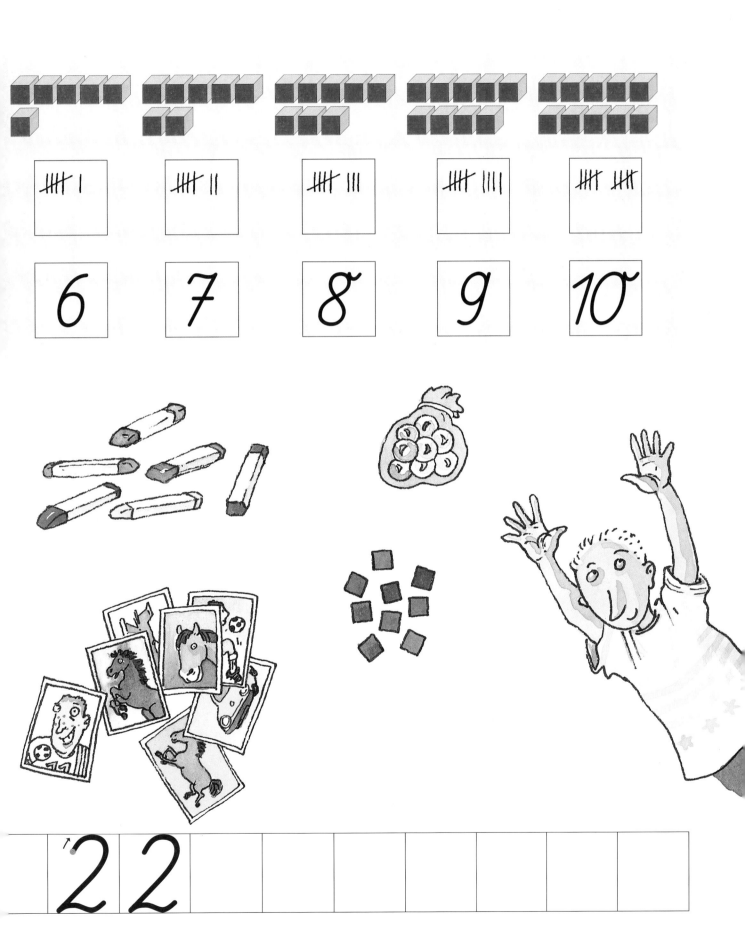

⫿⫿⫿⫿⫿	⫿⫿⫿⫿⫿	⫿⫿⫿⫿⫿	⫿⫿⫿⫿⫿	⫿⫿⫿⫿⫿

卌 I	卌 II	卌 III	卌 IIII	卌 卌
6	7	8	9	10

2	2							

Würfel legen; zählen; Menge und Zahl verbinden; Ziffern schreiben.

Meine Schultüte

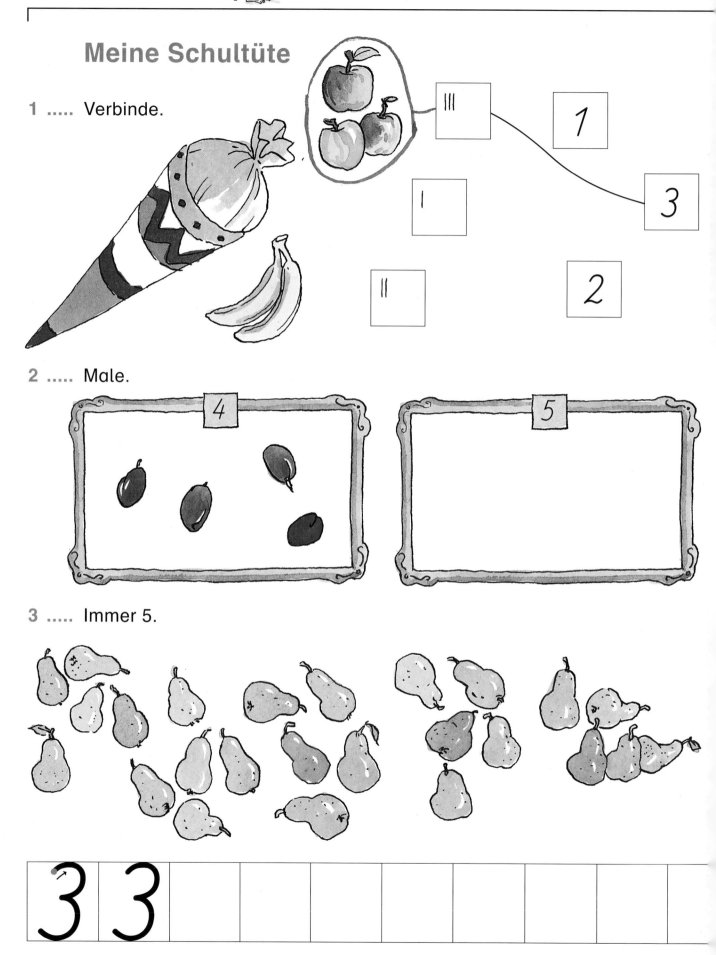

1 ..... Verbinde.

2 ..... Male.

3 ..... Immer 5.

Menge, Strichliste und Zahl verbinden; Bilder mit passenden Anzahlen malen;
immer fünf Birnen einkreisen; Ziffern schreiben.

Mein Geburtstag

1 ..... Verbinde.

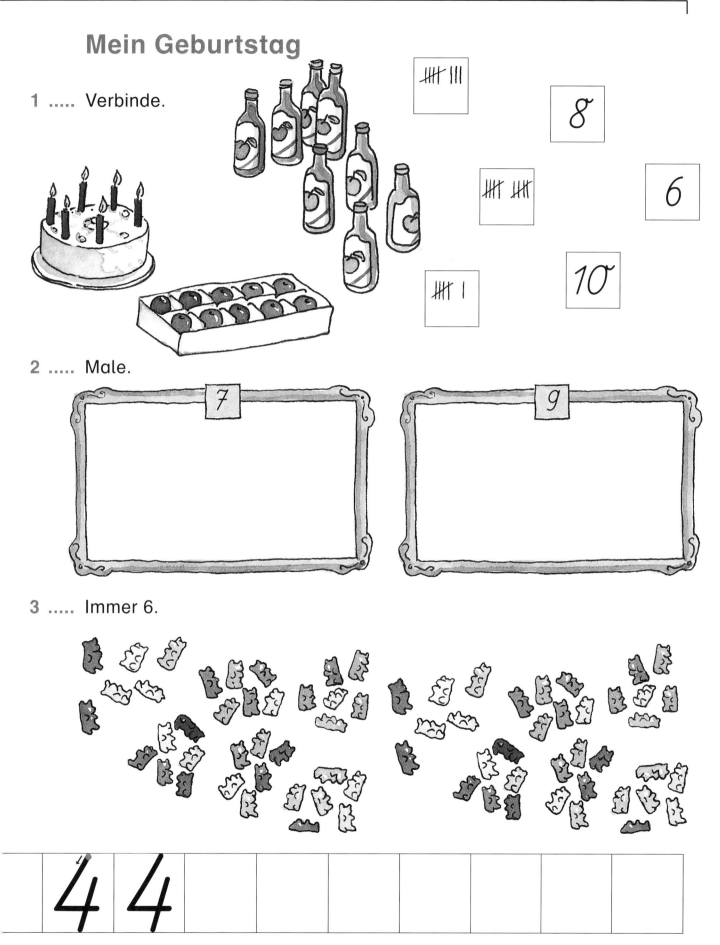

2 ..... Male.

3 ..... Immer 6.

Menge, Strichliste und Zahl verbinden; Bilder mit passenden Anzahlen malen;
immer sechs Gummibärchen einkreisen; Ziffern schreiben.

Zahlen sind überall

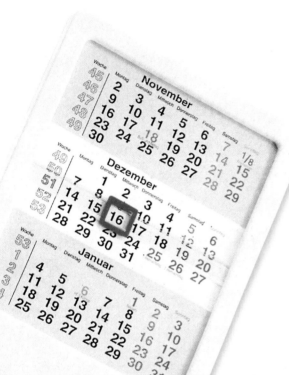

S H 1601

30 ZONE

Richtung
Frankfurt City
Hauptbahnhof
Frankfurt Süd
Darmstadt/Langen

2

Zum Bild erzählen; weitere Zahlen in der Umwelt finden.

Das kann ich schon

Malen; zählen; Ziffern schreiben.

In der Klasse 1

Mengen abzählen; Wendekarten zuordnen.

1 ..... Male.

Passende Anzahlen in Gefäße legen, malen; in die große Schachtel eine selbst ausgedachte
Zahl von Gegenständen malen.

Das sind die Zahlen von 11 bis 20

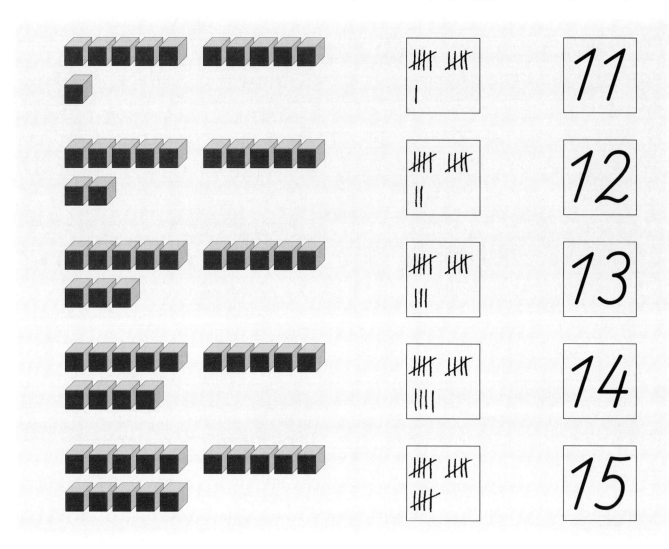

11

12

13

14

15

1 ..... Zähle.

11

5 5

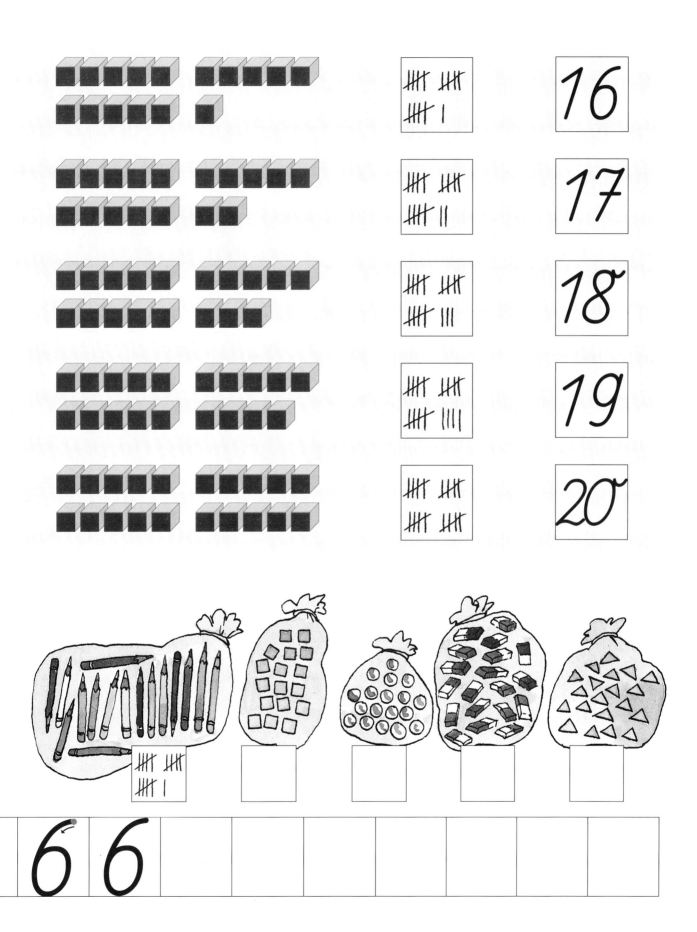

Würfel legen; zählen; Ziffern schreiben.

Wie viele?

1 ..... Verbinde.

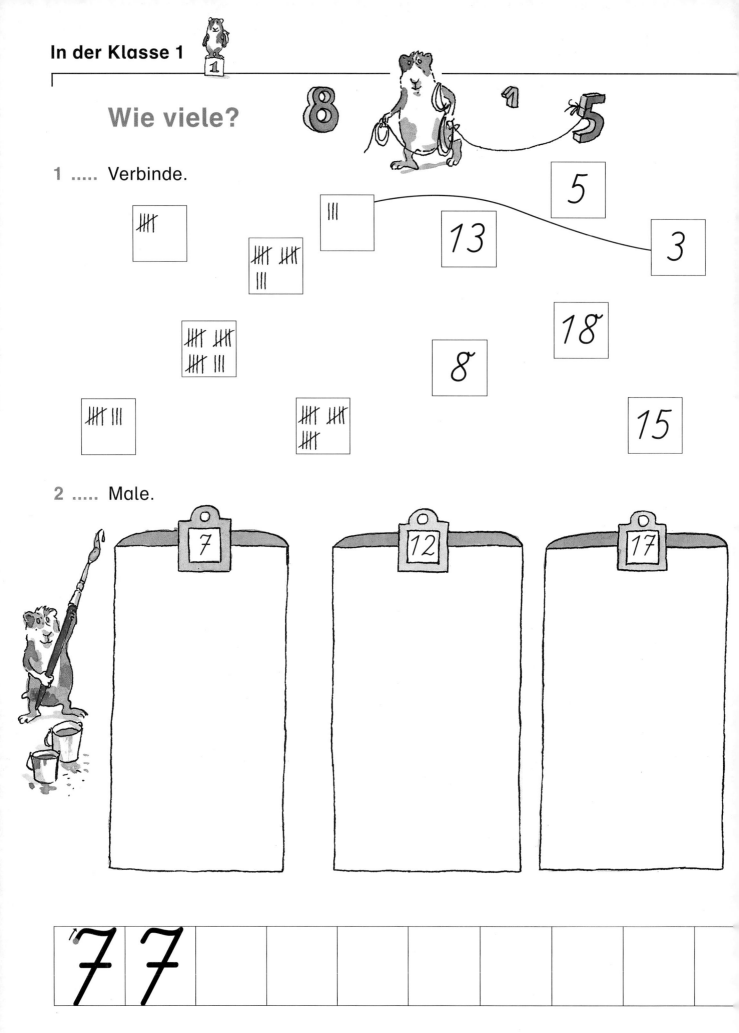

2 ..... Male.

Strichliste und Zahl verbinden; Bilder mit passenden Anzahlen malen; Ziffern schreiben.

So viele!

1 ..... Male ein Bild zu deiner Lieblingszahl.

2 ..... Immer 10.

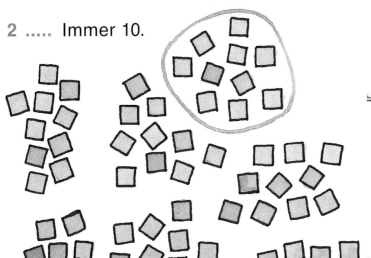

3 ..... Zähle.

0 ist keins

	I	II	III	IIII
0	1	2	3	4

1 ..... Trage ein.

2 ..... Trage ein.

Vorgänger und Nachfolger finden; Ausschnitte aus der Zahlenreihe vervollständigen;
Ziffern schreiben.

Von 0 bis 20

1 ..... Male.

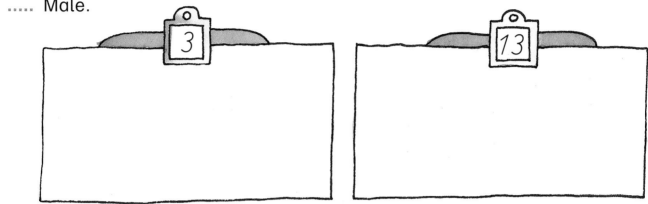

2 ..... Schreibe.

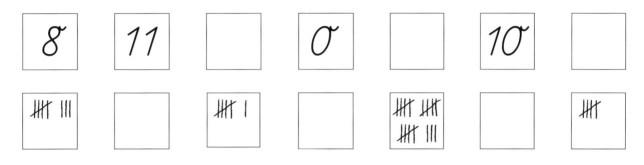

3 ..... Zähle.

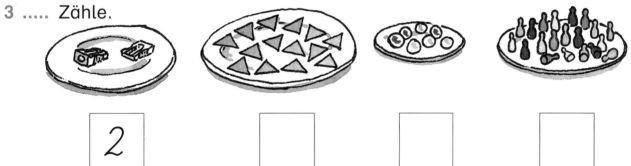

4 ..... Verbinde.

Malen; Strichlisten oder Zahlen schreiben; zählen; Zahlen von 1 bis 20 verbinden.

In der Bauecke

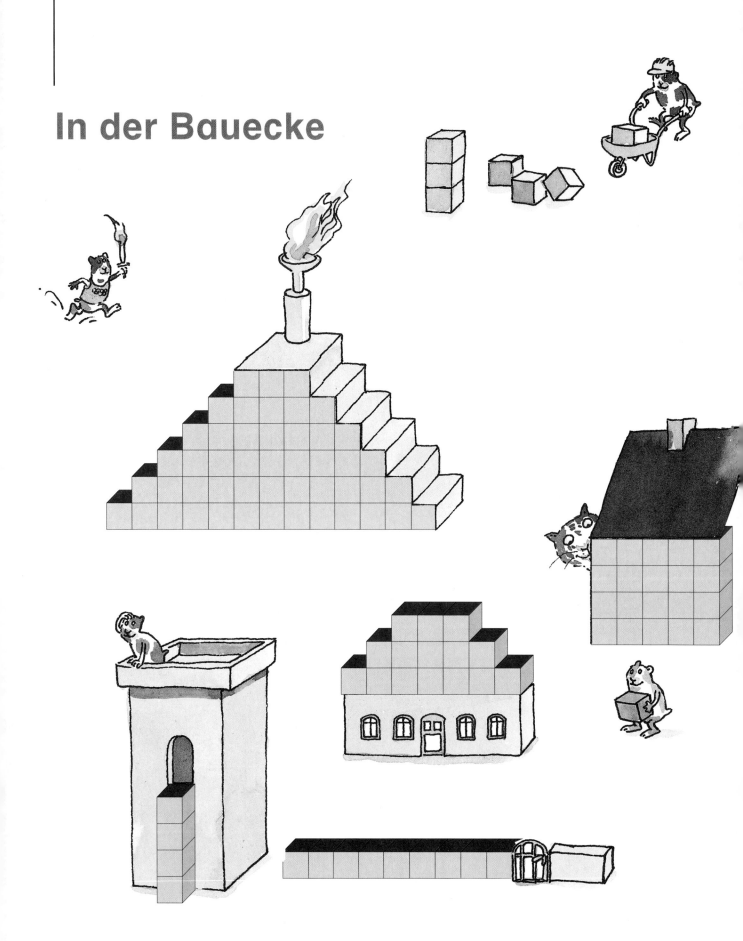

Mit Würfeln bauen; Bauwerke benennen; Anzahl der Würfel je Bauwerk schätzen.

Mit Würfeln bauen; Wendekarten zuordnen.

Vergleichen

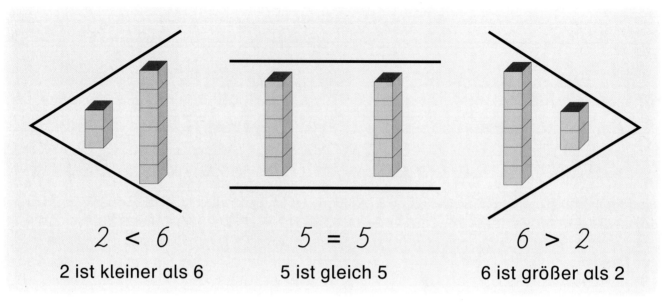

2 < 6	5 = 5	6 > 2
2 ist kleiner als 6	5 ist gleich 5	6 ist größer als 2

1 ..... Baue und schreibe.

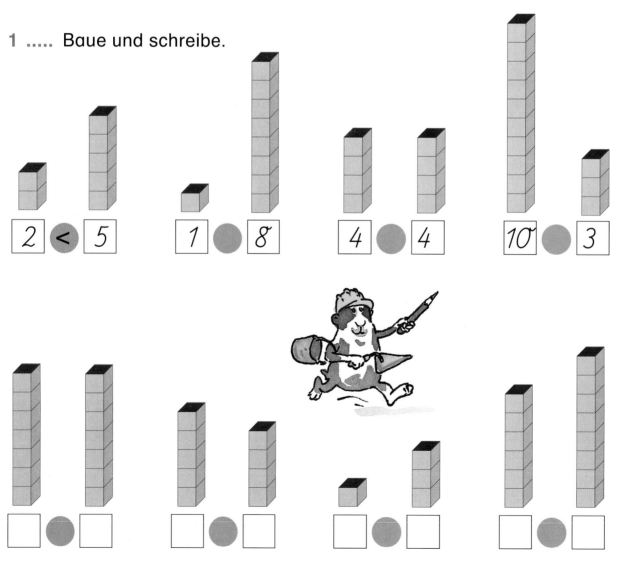

| 2 | < | 5 | | 1 | ◯ | 8 | | 4 | ◯ | 4 | | 10 | ◯ | 3 |

Würfeltürme bauen; Zahl der Würfel vergleichen; Relationszeichen eintragen; Zahlenkarten zuordnen; Zahlen eintragen.

Würfeltreppe

1 ..... Trage ein.

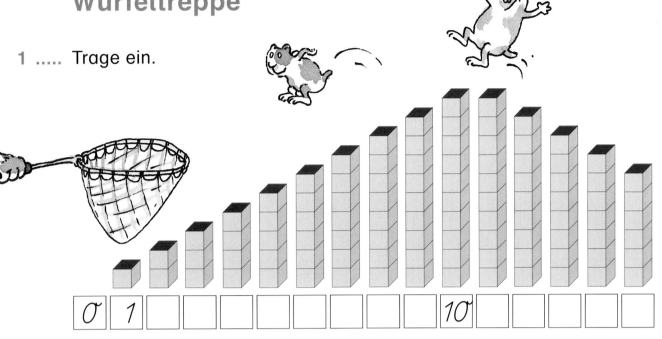

| 0 | 1 | | | | | | | | | 10 | | | | | |

2 ..... Baue.

| 1 | 3 | 5 | 7 | 9 | 10 | 8 | 6 | 4 | 2 | 0 |

3 ..... Trage ein.

| 3 | 4 | 5 |

| 7 | | |

| | 5 | |

| | | 4 |

| | | 2 |

| | 15 | |

4 ..... Trage < , > oder = ein.

5 ● 6   10 ● 5   6 ● 6   0 ● 9

5 ● 4   10 ● 7   4 ● 6   8 ● 9

5 ● 10   10 ● 9   8 ● 4   11 ● 9

Zahlenkarten zuordnen, Zahlen eintragen; Würfeltürme bauen; Vorgänger und Nachfolger finden;
Relationszeichen eintragen.

Immer 5

1 ..... Lege, male und schneide.

2 ..... Lege nach.

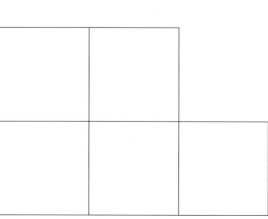

Fünf Würfel verschieden aneinander legen, umfahren, Grundrisse ausschneiden;
Würfel auf Grundrisse legen.

3 ..... Was ist gleich? Verbinde.

4 ..... Immer 3. Lege, male und schneide.

5 ..... Immer 6. Lege, male und schneide.

Grundrisse vergleichen und durch Drehen und Wenden zur Deckung bringen; drei bzw. sechs
Würfel verschieden aneinander legen, umfahren, Grundrisse ausschneiden.

Kleiner oder größer

1 ..... Trage ein.

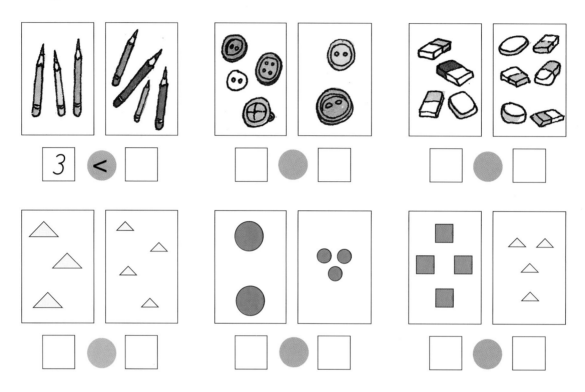

3 < ☐   ☐ ● ☐   ☐ ● ☐

☐ ● ☐   ☐ ● ☐   ☐ ● ☐

2 ..... Baue und schreibe.

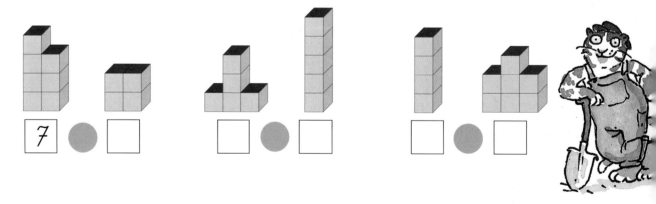

7 ● ☐   ☐ ● ☐   ☐ ● ☐

3 ..... Trage < , > oder = ein.

2 ● 3   5 ● 4   6 ● 0   18 ● 15

3 ● 2   5 ● 5   7 ● 4   11 ● 2

0 ● 2   5 ● 10   14 ● 12   8 ● 13

Zum Selberbauen

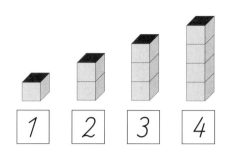

$$1 \quad 2 \quad 3 \quad 4$$

1 ..... Finde selbst.

1 ⬤ 2	10 ⬤ 9	10 = 10
2 ⬤ 3	10 ⬤ 8	___ = ___
___ ⬤ ___	___ ⬤ ___	___ ⬤ ___

5 < ___	10 > ___	___ < 4
5 < ___	___ ⬤ ___	___ ⬤ ___
___ ⬤ ___	___ ⬤ ___	___ ⬤ ___

2 ..... Trage < , > oder = ein.

7 ⬤ 9	0 ⬤ 15	20 ⬤ 10
17 ⬤ 19	0 ⬤ 5	19 ⬤ 20
17 ⬤ 17	15 ⬤ 5	18 ⬤ 19
17 ⬤ 14	15 ⬤ 15	19 ⬤ 16
17 ⬤ 0	15 ⬤ 20	16 ⬤ 15

3 ..... Ordne und trage ein.

$$5 \quad 4 \quad 9 \quad 12 \quad 0 \quad : \quad \_\_ < \_\_ < \_\_ < \_\_ < \_\_$$

Fit mit Leonardo

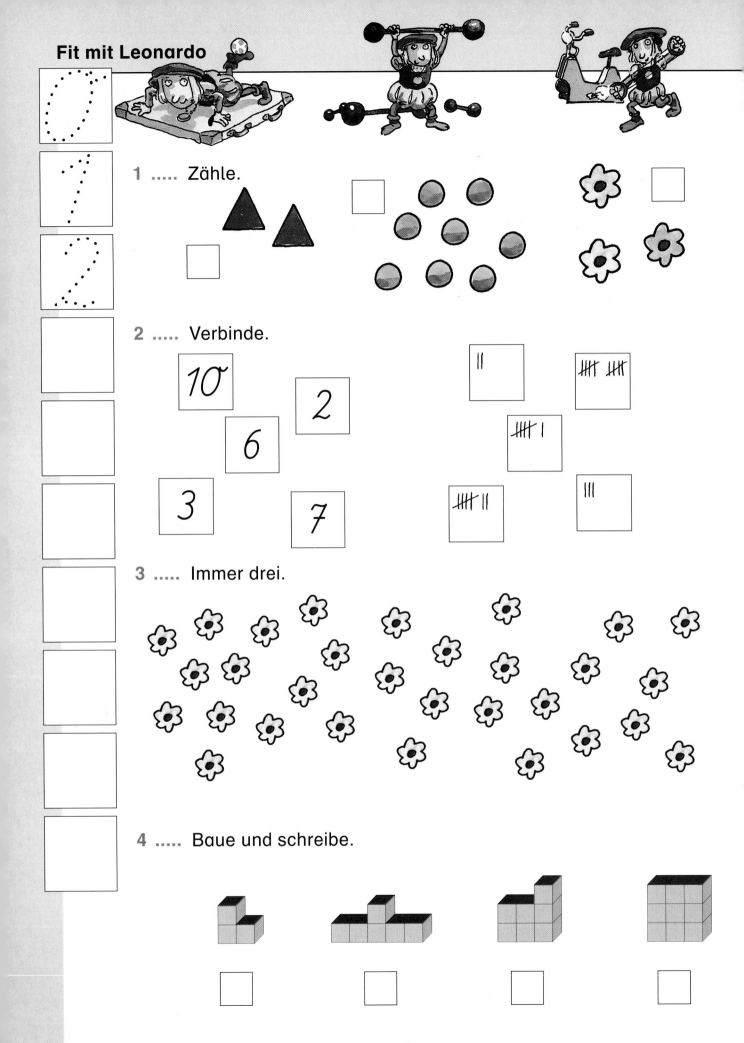

1 ..... Zähle.

2 ..... Verbinde.

10   2   6   3   7

3 ..... Immer drei.

4 ..... Baue und schreibe.

Ziffern schreiben; zählen; Zahlen eintragen; Strichliste und Zahl verbinden,
immer drei Blumen einkreisen.

5 ..... Baue und schreibe.

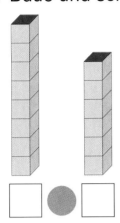
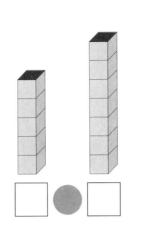
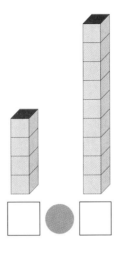

6 ..... Finde selbst.

6 > 3	12 > __	__ < 5
6 > __	12 > __	__ ⬤ __
6 > __	__ ⬤ __	__ ⬤ __

7 ..... Trage ein.

5	6	7

16		

3		

	9	

	13	

	7	

0		

		20

8 ..... Trage <, > oder = ein.

4 = 4	5 ⬤ 3	3 ⬤ 1	8 ⬤ 17
8 ⬤ 3	6 ⬤ 8	3 ⬤ 3	16 ⬤ 6
5 ⬤ 9	2 ⬤ 4	3 ⬤ 4	9 ⬤ 19

Ziffern schreiben; Zahlen und Relationszeichen eintragen; Ungleichungen finden;
Vorgänger und Nachfolger finden.

29

Spiele zum Zerlegen

Verschiedene Aktivitäten zum Zerlegen durchführen: mit Zerlegungskästen arbeiten, Zerlegungen schütteln, Plättchen werfen, Zerlegungshäuser ausfüllen.

Protokoll von Sina und Tim

1 ..... Fülle aus.

Aktivitäten zum Zerlegen durchführen: Würfel legen, Muster malen, Zerlegungshäuser ausfüllen, eigene Zerlegungen finden und eintragen.

31

Kleine und große Zerlegungshäuser

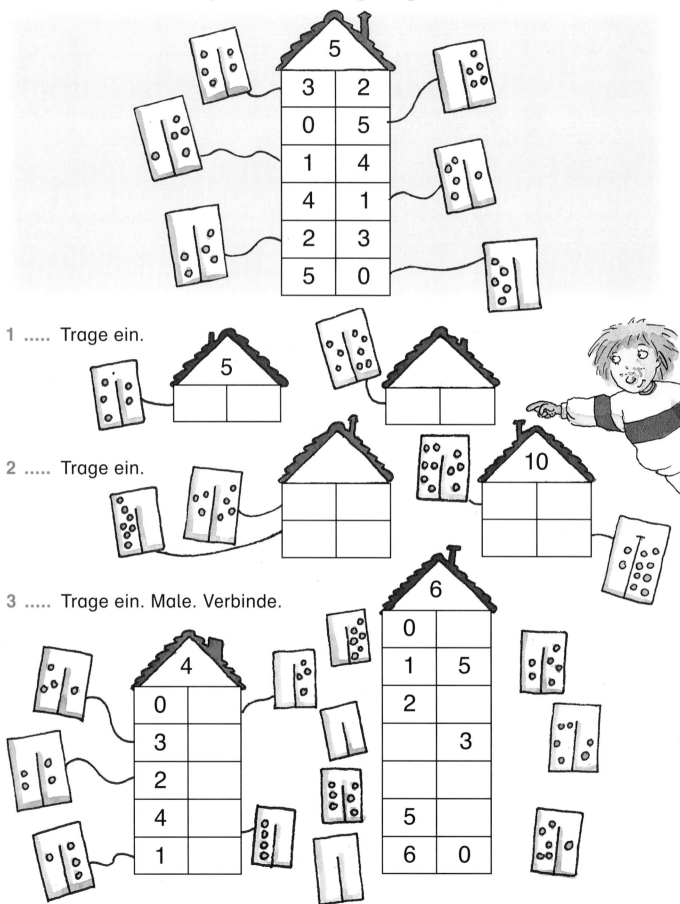

1 ..... Trage ein.

2 ..... Trage ein.

3 ..... Trage ein. Male. Verbinde.

Zahlen zerlegen; Zerlegungsbilder übertragen und malen; Zerlegungshäuser ausfüllen; Zerlegungsbild und Zerlegung zuordnen.

Plusaufgaben

2 + 4 4 + 2

1 ..... Trage ein.

___ + ___   ___ + ___

___ + ___   ___ + ___

___ + ___   ___ + ___

___ + ___   ___ + ___

2 ..... Male und trage ein.

6 + 4   ☐ ☐ ☐ ☐ ☐ ☐ ☐ ☐ ☐   ___ + ___

2 + 8   ☐ ☐ ☐ ☐ ☐ ☐ ☐ ☐ ☐   ___ + ___

7 + 0   ☐ ☐ ☐ ☐ ☐ ☐ ☐   ___ + ___

1 + 6   ☐ ☐ ☐ ☐ ☐ ☐ ☐   ___ + ___

3 ..... Trage ein.

	8	
2 + 6	■ ■ ■ ■ ■ ■ ■ ■	6 + 2
4 +	■ ■ ■ ■ ■ ■ ■ ■	
	■ ■ ■ ■ ■ ■ ■ ■	
	■ ■ ■ ■ ■ ■ ■ ■	
	■ ■ ■ ■ ■ ■ ■ ■	

Pluszeichen kennenlernen; Aufgabe und Tauschaufgabe notieren; Zerlegungen mit Würfeln und
Plättchen nachlegen; Plättchen passend ausmalen.

33

Viele Flügelhäuser

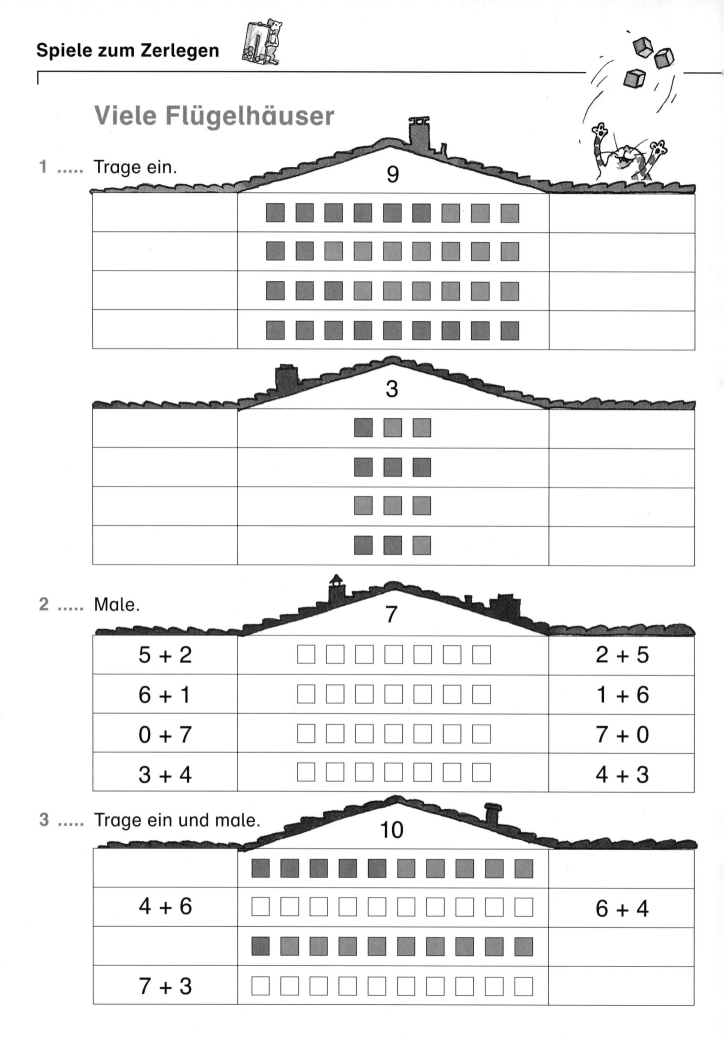

1 ..... Trage ein.

9

3

2 ..... Male.

7

5 + 2		2 + 5
6 + 1		1 + 6
0 + 7		7 + 0
3 + 4		4 + 3

3 ..... Trage ein und male.

10

| 4 + 6 | | 6 + 4 |
| 7 + 3 | | |

Aufgaben und Tauschaufgaben notieren; Plättchen zur Zerlegung passend ausmalen.

Zerlegungsstraße

8

6	2
7	
0	
	7
	3
	5
8	
2	
4	

9

0	
1	
2	
3	
4	
5	
	3
	2
	1
	0

10

0	
1	
2	
3	
4	
5	
6	
7	
8	
9	
10	

7

1	
	2
4	
2	
	7
	1
7	
	4

4

	1
0	
	2
4	
1	

6

2	4
3	
	5
4	
0	
5	
6	

3

2	3
	0
0	
1	
	1
3	

Zerlegungshäuser ausfüllen.

Zerlegungsmuster

1 ..... Schreibe auf.

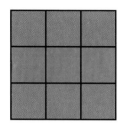

6 + 3

3 + __

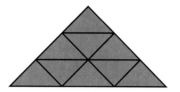

5 + __

__ + __

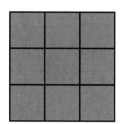

__ + __

__ + __

__ + __

__ + __

2 ..... Male mit zwei Farben aus.

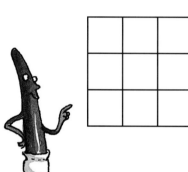

4 + 5

5 + 4

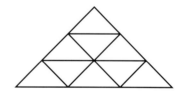

3 + 6

6 + 3

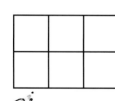

3 + 3

3 + 3

1 + 3

3 + 1

3 ..... Male und schreibe Aufgaben.

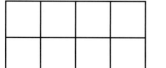

5 + __

__ + 5

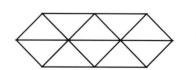

__ + __

__ + __

Zerlegungsmeister

1 ..... Trage ein.

	6	
4 + 2	▪ ▪ ▪ ▪ ▪ ▪	2 + 4
1 +	▪ ▪ ▪ ▪ ▪ ▪	
	▪ ▪ ▪ ▪ ▪ ▪	
	▪ ▪ ▪ ▪ ▪ ▪	

2 ..... Male. Trage ein.

	9	
3 + 6	▫ ▫ ▫ ▫ ▫ ▫ ▫ ▫ ▫	6 +
0 + 9	▫ ▫ ▫ ▫ ▫ ▫ ▫ ▫ ▫	
	▫ ▫ ▫ ▫ ▫ ▫ ▫ ▫ ▫	2 + 7
	▫ ▫ ▫ ▫ ▫ ▫ ▫ ▫ ▫	4 + 5

3 ..... Schreibe und male.

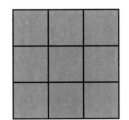   ___ + ___
          ___ + ___

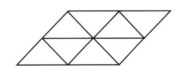   3 + ___
          ___ + ___

4 ..... Trage ein.

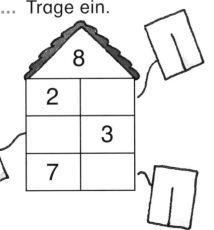

8	
2	
	3
7	

5	
	1
0	
	3

4	6
7	
1	

Aufgaben und Tauschaufgaben notieren; Plättchen und Muster passend ausmalen;
Zerlegungshäuser ausfüllen.

37

Herbst

Zum Bild erzählen.

1 ..... Warum fliegt der rote Drachen nicht?
2 ..... Probiere aus, wann Papier fliegt.

Mathematische Drachenform erkennen und betrachten; überlegen, warum der große Drachen
nicht mehr fliegt; mit Papier und Papierfliegern experimentieren.

Drachen für die Klasse

1 ..... Falte einen Drachen aus einem Quadrat.

2 ..... Vergleiche mit den Bildern und nummeriere.

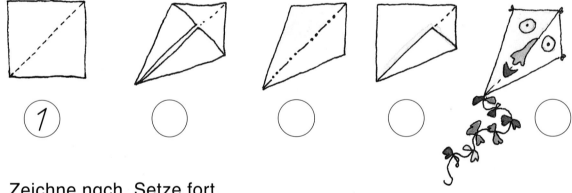

3 ..... Zeichne nach. Setze fort.

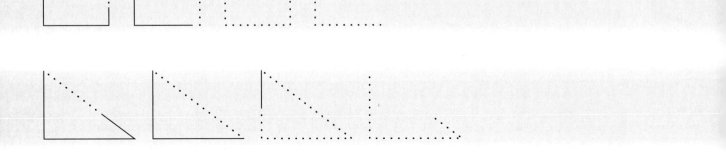

40   Drachen aus einem Quadrat falten und gestalten; Skizzen in richtiger Reihenfolge nummerieren;
Faltlinien besprechen (··—·· Bergfalte / – – Talfalte); Quadrate und Dreiecke nachzeichnen,
Reihen fortsetzen.

Tolle Sachen aus dem Quadrat

1 ..... Falte und schneide.

2 ..... Verbinde.

3 ..... Zeichne nach. Setze fort.

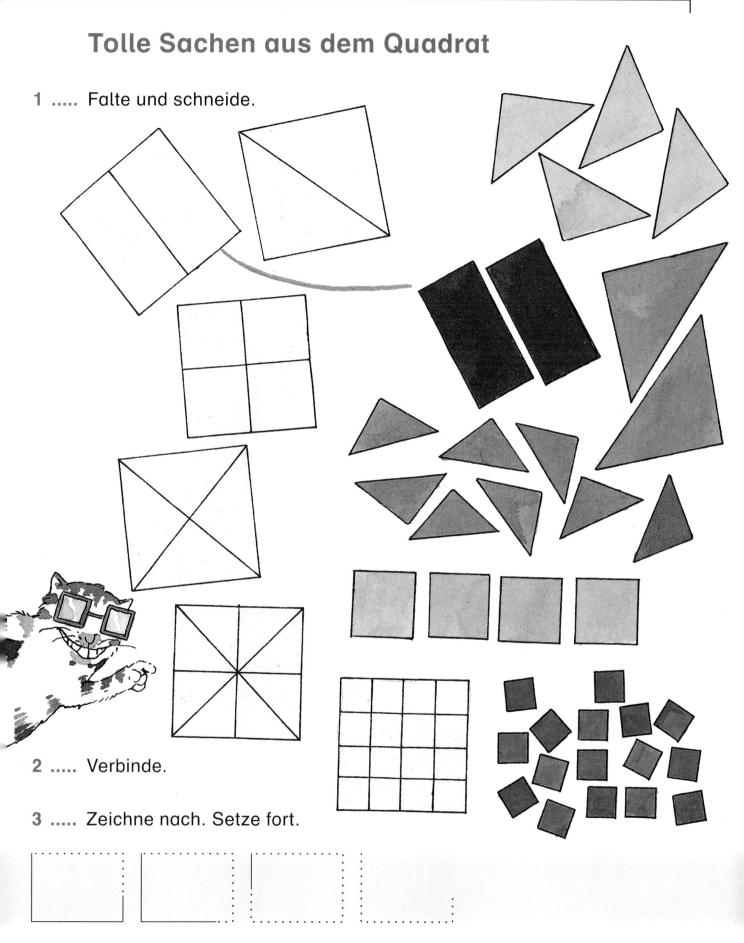

Falten und schneiden; Verbindungslinien ziehen zwischen Faltbild und Bild der geschnittenen
Formen; Rechtecke nachzeichnen, Reihe fortsetzen.

Dreiecke legen

1 ..... Lege mit acht
Dreiecken aus.

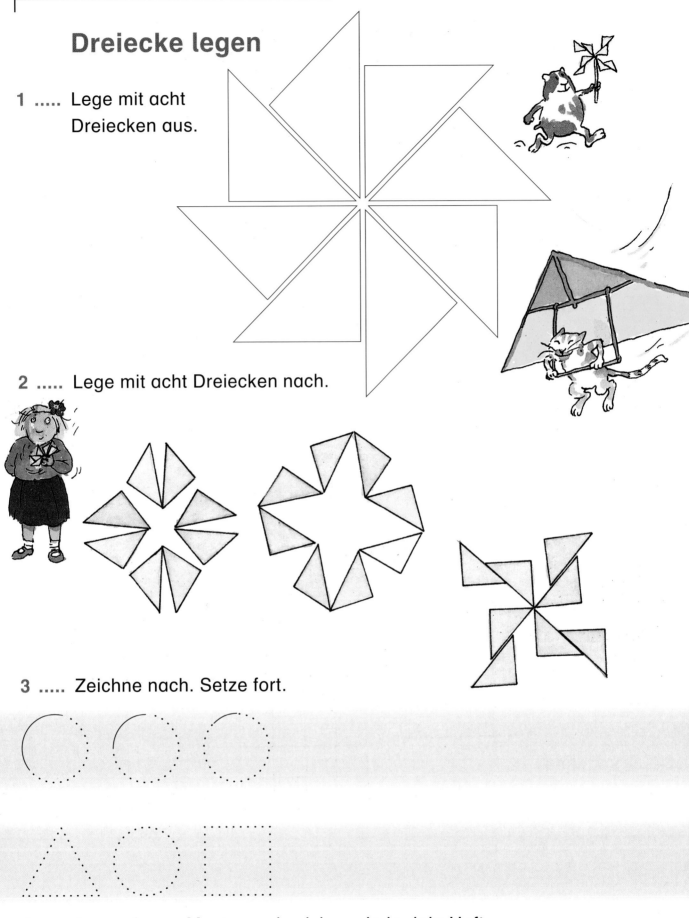

2 ..... Lege mit acht Dreiecken nach.

3 ..... Zeichne nach. Setze fort.

4 ..... Lege eigene Muster und zeichne sie in dein Heft.

Ein Quadrat der Seitenlänge 7 cm ist Grundlage für dieses Legespiel, beim freien Legen, beim
Aus- und Nachlegen werden alle acht Dreiecke benutzt; Kreise und Muster nachzeichnen, Reihen
fortsetzen; eigene Muster legen und zeichnen.

Auslegen mit Plättchen

1 ..... Lege genauso.

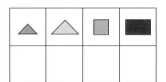			
6	0	1	0

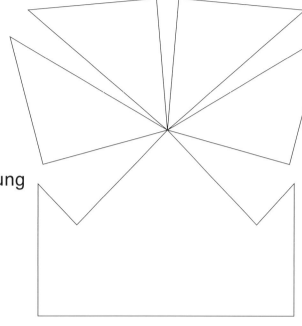

2 ..... Finde eine andere Lösung und trage ein.

▲	△	■	■

3 ..... Lege genauso.

▲	△	■	■
6	0	1	1

4 ..... Finde andere Lösungen und trage ein.

▲	△	■	■

▲	△	■	■

Figuren wie vorgegeben mit Plättchen auslegen, andere Möglichkeiten finden und in die Tabellen eintragen.

43

Sterne und Flieger

1 ..... Lege aus und trage ein.

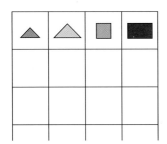

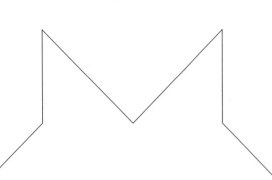

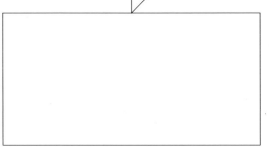

2 ..... Lege aus und trage ein.

3 ..... Lege nach.

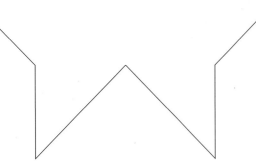

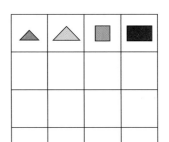

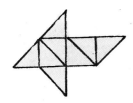
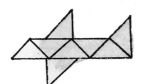
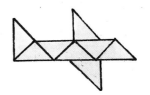
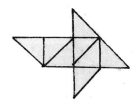

44   Figuren mit Plättchen auslegen, Zahl der benötigten Plättchen
in die Tabellen eintragen; Figuren mit Plättchen nachlegen.

Noch mehr Flieger

1 ..... Falte nach dieser Anleitung.

2 ..... Kannst du andere Flieger falten?

3 ..... Macht Versuche auf dem Schulhof.

4 ..... Zeichne nach. Setze fort.

5 ..... Erfinde eigene Muster.

Papierflieger nach Anleitung falten; Flieger verändern oder andere Flieger herstellen; beobachten, wann ein Flieger am besten fliegt (mit Wind/ohne Wind); Formen nachzeichnen, Reihen fortsetzen; eigene Muster legen und zeichnen.

Das Plus-Minus-Haus

$3 + 1$

Zum Bild erzählen; Additions- und Subtraktionsaufgaben finden.

8 − 2

1 ..... Erzähle.

2 ..... Schreibe Aufgaben.

Zum Bild erzählen; Additions- und Subtraktionsaufgaben finden.

47

Was ist passiert?

4 plus 2   4 + 2 = 6

1 ..... Trage ein.

3 plus 4   3 + 4 = __

__ plus __   __ + __ = __

2 ..... Lege und rechne.

5 + 2 = 7

__ + __ = __

4 + __ = __

__ + __ = __

Addition als Dazukommen: erzählen, was passiert ist; Term und Gleichung aufschreiben;
Additionsaufgaben mit Würfeln legen, rechnen.

Was ist passiert?

6 minus 2   6 − 2 = 4

1 ..... Trage ein.

7 minus 4   7 − 4 = __

__ minus __   __ − __ = __

2 ..... Nimm weg und rechne.

7 − 2 = 5   __ − __ = __

7 − __ = __   __ − __ = __

Subtraktion als Wegnehmen: erzählen, was passiert ist; Term und Gleichung aufschreiben;
Subtraktionsaufgaben mit Würfeln legen, rechnen.

Plus

$$3 + 5 = \ 8$$

$$12 + 2 = 14$$

1 ..... Male und rechne.

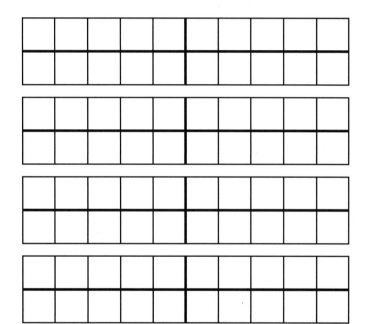

$$2 + 2 = \_\_$$

$$4 + 3 = \_\_$$

$$15 + 0 = \_\_$$

$$11 + 6 = \_\_$$

2 ..... Rechne.

$3 + 3 = \_\_$ $10 + 6 = \_\_$ $12 + 2 = \_\_$

$3 + 4 = \_\_$ $10 + 4 = \_\_$ $13 + 3 = \_\_$

$3 + 5 = \_\_$ $10 + 7 = \_\_$ $14 + 4 = \_\_$

Minus

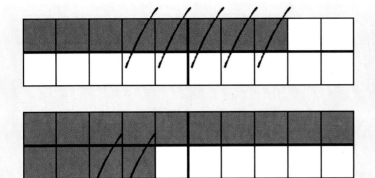

$$8 - 5 = 3$$

$$14 - 2 = 12$$

1 ..... Male, streiche weg und rechne.

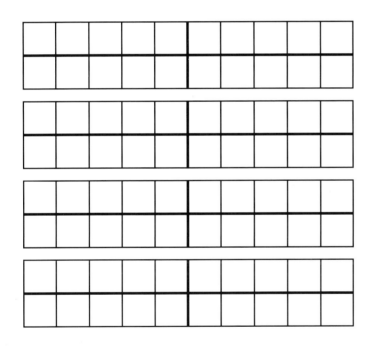

$$4 - 2 = \underline{}$$

$$5 - 4 = \underline{}$$

$$10 - 3 = \underline{}$$

$$16 - 5 = \underline{}$$

2 ..... Rechne.

$$6 - 2 = \underline{} \qquad 9 - 4 = \underline{} \qquad 12 - 2 = \underline{}$$

$$5 - 1 = \underline{} \qquad 9 - 5 = \underline{} \qquad 14 - 4 = \underline{}$$

$$4 - 0 = \underline{} \qquad 9 - 7 = \underline{} \qquad 16 - 6 = \underline{}$$

Subtraktionsaufgaben im Zwanzigerfeld legen und malen; Subtraktionsaufgaben rechnen.

Auf beiden Seiten gleich

1 ..... Rechne Plus-Aufgaben.

$$5 = 3 + 2$$

$$1 + \underline{} = 4$$

$7 = 4 + \underline{}$	$1 + \underline{} = 10$	$17 = 10 + \underline{}$
$7 = 5 + \underline{}$	$3 + \underline{} = 10$	$17 = 12 + \underline{}$
$7 = 6 + \underline{}$	$6 + \underline{} = 10$	$17 = 14 + \underline{}$
$7 = 7 + \underline{}$	$10 + \underline{} = 10$	$17 = 16 + \underline{}$

2 ..... Rechne Minus-Aufgaben.

$$5 - 2 = 3$$

$$1 = 4 - \underline{}$$

$7 - \underline{} = 4$	$1 = 10 - \underline{}$	$17 - \underline{} = 10$
$7 - \underline{} = 5$	$3 = 10 - \underline{}$	$17 - \underline{} = 12$
$7 - \underline{} = 6$	$6 = 10 - \underline{}$	$17 - \underline{} = 14$
$7 - \underline{} = 7$	$10 = 10 - \underline{}$	$17 - \underline{} = 16$

Plus und Minus

1 ..... Lege dazu und nimm weg.

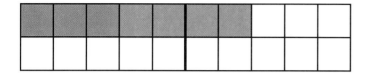

$3 + 4 = 7$

$7 - 4 = \underline{}$

$3 + 5 = \underline{}$ $7 + 2 = \underline{}$ $8 + 2 = \underline{}$

$8 - 5 = \underline{}$ $9 - 2 = \underline{}$ $10 - 2 = \underline{}$

$6 + 0 = \underline{}$ $4 + 4 = \underline{}$ $0 + 5 = \underline{}$

$\underline{} - 0 = \underline{}$ $\underline{} - 4 = \underline{}$ $\underline{} - 5 = \underline{}$

$13 + 5 = \underline{}$ $17 + 2 = \underline{}$ $18 + 2 = \underline{}$

$\underline{} - 5 = \underline{}$ $\underline{} - 2 = \underline{}$ $\underline{} - 2 = \underline{}$

2 ..... Trage + oder − ein.

$5 \; \boxed{+} \; 4 = 9$ $10 \; \bigcirc \; 2 = 8$ $12 \; \bigcirc \; 4 = 16$

$10 \; \bigcirc \; 8 = 2$ $2 \; \bigcirc \; 5 = 7$ $20 \; \bigcirc \; 5 = 15$

$10 \; \bigcirc \; 3 = 13$ $10 \; \bigcirc \; 3 = 7$ $6 \; \bigcirc \; 4 = 10$

$13 \; \bigcirc \; 3 = 10$ $3 \; \bigcirc \; 7 = 10$ $10 \; \bigcirc \; 4 = 6$

3 ..... 6 Kinder feiern, 3 kommen später.

Klassenflohmarkt

Zum Bild erzählen; Preise vergleichen.

1 ..... Trage Preise ein.

2 ..... Male und trage die Preise ein.

Elena kauft eine Kette.   15 Cent

Felix kauft zwei Kreisel.   _____

Und du?   _____

Fehlende Preise festlegen; überlegen, ob Euro- oder Cent-Preis angemessen ist; Preise der
Einkäufe bestimmen; Gegenstände auswählen, malen und Preis bestimmen.

55

Münzwerte

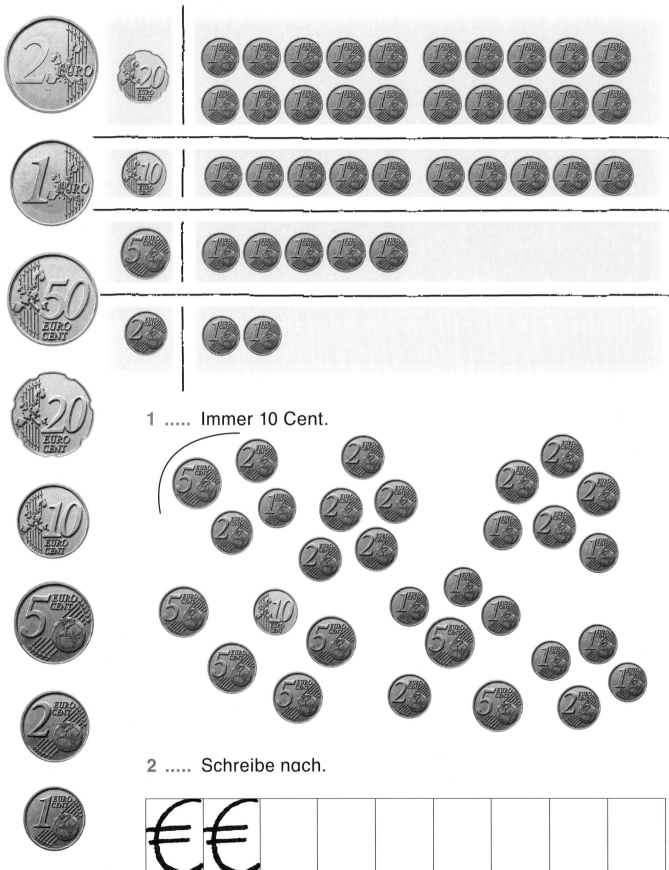

1 ..... Immer 10 Cent.

2 ..... Schreibe nach.

€€								

Wie viel Geld ist im Portmonee?

1 ..... Lege und rechne.

_____   _____

_____   _____   _____

_____   _____   _____

2 ..... Lege und male.

5 Cent	10 Cent	20 Cent

3 ..... Lege und rechne.

2 Cent + 2 Cent = _____   10 Cent + 10 Cent = _____

5 Cent + 5 Cent = _____   10 Cent + 5 Cent = _____

Beträge ausrechnen; passende Münzen zeichnen; Münzen legen, rechnen.

Einkaufen

1 ..... Lea hat 10 Cent. Was kann Lea kaufen?
Male.

2 ..... Trage ein.

3 Cent < 10 Cent	15 Cent > 10 Cent
___ Cent < 10 Cent	___ Cent > 10 Cent
_____ < 10 Cent	_____ > 10 Cent
_____ < 10 Cent	_____ > 10 Cent

3 ..... Ergänze.

6 Cent + _____ = 10 Cent	14 Cent + _____ = 20 Cent
1 Cent + _____ = 10 Cent	19 Cent + _____ = 20 Cent
7 Cent + _____ = 10 Cent	13 Cent + _____ = 20 Cent
4 Cent + _____ = 10 Cent	16 Cent + _____ = 20 Cent
8 Cent + _____ = 10 Cent	12 Cent + _____ = 20 Cent
5 Cent + _____ = 10 Cent	15 Cent + _____ = 20 Cent

Und bezahlen

1 ..... Sara kauft ein Auto und Murmeln.

6 Cent + 10 Cent = _____

2 ..... Die Kinder kaufen ein. Lege und rechne.

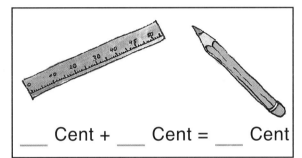

___ Cent + ___ Cent = ___ Cent

___ Cent + ___ Cent = ___ Cent

3 ..... Lege und rechne.

10 Cent + 5 Cent = _____   2 € + 2 € = _____
 5 Cent + 2 Cent = _____   5 € + 2 € = _____
 1 Cent + 2 Cent = _____   2 € + 1 € = _____
 2 Cent + 2 Cent = _____   1 € + 2 € = _____
 5 Cent + 10 Cent = _____   2 € + 3 € = _____

4 ..... Kannst du 10 Cent mit 1/2/3/4/5/6/7/8/9/10 Münzen legen? Male.

Münzen legen, rechnen; zehn Cent auf verschiedene Arten legen.

Wechselgeld

1 ..... Lea hat 10 Cent. Sie kauft ein Auto für 6 Cent.

10 Cent – 6 Cent = _____

2 ..... Lea kauft ein. Lege, wechsle und rechne.

10 Cent – 2 Cent = ___ Cent

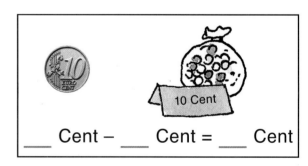

___ Cent – ___ Cent = ___ Cent

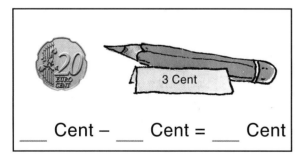

___ Cent – ___ Cent = ___ Cent

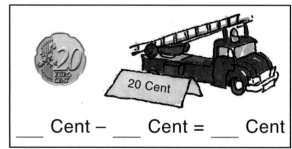

___ Cent – ___ Cent = ___ Cent

3 ..... Lege, wechsle und rechne.

10 Cent – 7 Cent = _____ 20 Cent – 7 Cent = _____

10 Cent – 4 Cent = _____ 20 Cent – 4 Cent = _____

10 Cent – 8 Cent = _____ 20 Cent – 8 Cent = _____

10 Cent – 9 Cent = _____ 20 Cent – 9 Cent = _____

10 Cent – 10 Cent = _____ 20 Cent – 10 Cent = _____

Geld wechseln

1 ..... Immer 20 Cent.

2 ..... Wechsle. Male und schreibe auf.

           2 Cent = 1 Cent + 1 Cent

   [   ]   5 Cent = _____

   [   ]   10 Cent = _____

   [   ]   20 Cent = _____

3 ..... Finde verschiedene Möglichkeiten. Male.

20 Cent   20 Cent   20 Cent

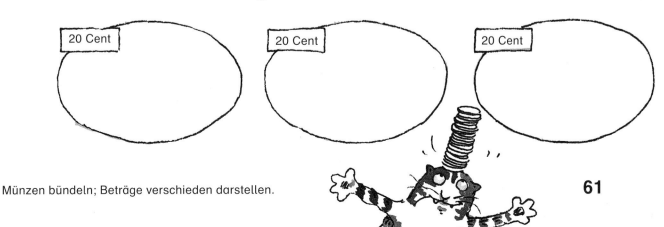

Münzen bündeln; Beträge verschieden darstellen.

1 ..... Male und rechne.

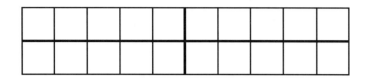

$2 + 6 = \_\_$

$13 + 7 = \_\_$

2 ..... Lege und rechne.

$6 + 2 = \_\_$	$4 + 1 = \_\_$	$14 + 5 = \_\_$	$3 + 5 = \_\_$
$4 + 3 = \_\_$	$5 + 2 = \_\_$	$12 + 6 = \_\_$	$4 + 4 = \_\_$
$3 + 2 = \_\_$	$6 + 4 = \_\_$	$13 + 5 = \_\_$	$5 + 5 = \_\_$

3 ..... Trage ein.

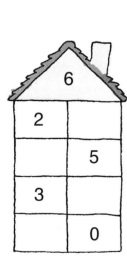 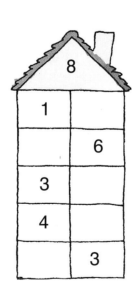 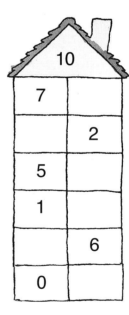

4 ..... Zeichne nach. Setze fort.

Additionsaufgaben im Zwanzigerfeld legen und malen; rechnen; Zerlegungshäuser ausfüllen; Formen nachzeichnen, Reihe fortsetzen.

5 ..... Male, streiche weg und rechne.

8 − 6 = ___

20 − 7 = ___

6 ..... Lege, nimm weg und rechne.

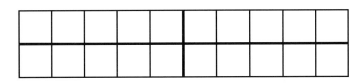

7 − 3 = ___   10 − 4 = ___   18 − 2 = ___   15 − 4 = ___

9 − 5 = ___   7 − 4 = ___   20 − 4 = ___   13 − 2 = ___

4 − 4 = ___   8 − 6 = ___   17 − 5 = ___   18 − 2 = ___

7 ..... Trage ein.

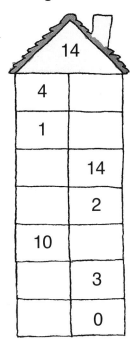
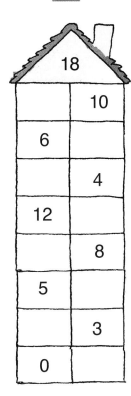

14	
4	
1	
	14
	2
10	
	3
	0

18	
	10
6	
	4
12	
	8
5	
	3
	0

10		
4	4	2
2	5	
6		1
2	4	
3		3
5	5	
1		1

8 ..... Rechne.

2 + 2 + 5 = ___   3 + 5 + 2 = ___   2 + 3 + 5 = ___

3 + 3 + 3 = ___   3 + 6 + 1 = ___   4 + 6 + 5 = ___

4 + 5 + 1 = ___   4 + 4 + 2 = ___   10 + 3 + 7 = ___

Alle Jahre wieder

Zum Bild erzählen; die verschiedenen Kalender benennen.

1 ..... Erzähle zum Bild.

2 ..... Vergleiche Kalender.

Über Adventskalender sprechen; Inhalt der Päckchen vermuten; Zahlenreihen erkennen.

Termine im Dezember

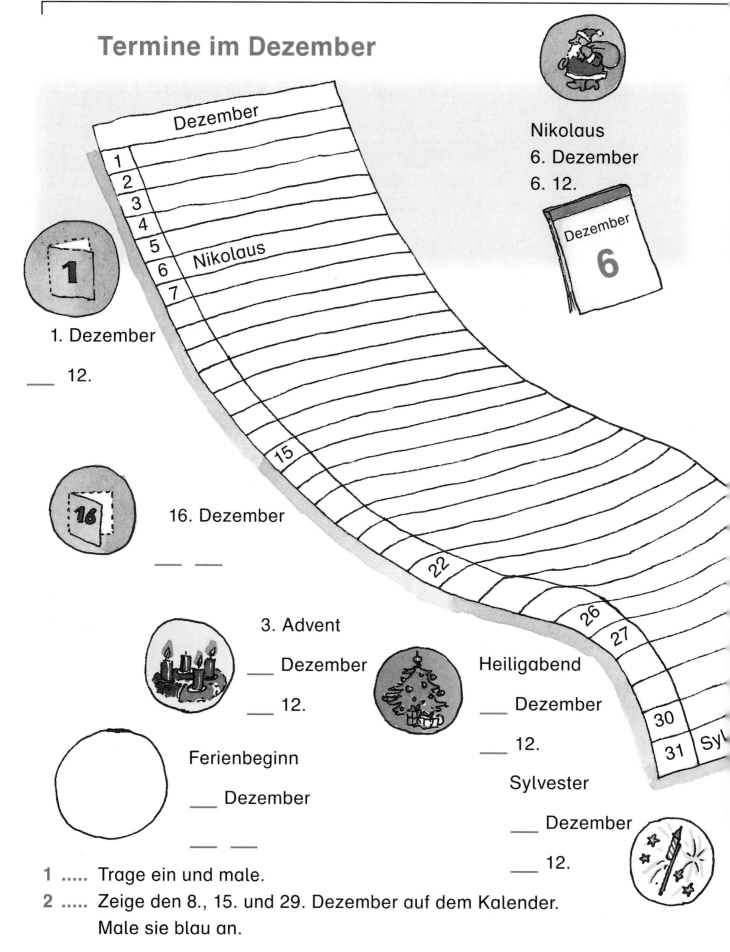

Nikolaus

6. Dezember

6. 12.

Dezember
6

1. Dezember

___ 12.

16. Dezember

___ ___

3. Advent

___ Dezember

___ 12.

Heiligabend

___ Dezember

___ 12.

Sylvester

___ Dezember

___ 12.

Ferienbeginn

___ Dezember

___ ___

1 ..... Trage ein und male.

2 ..... Zeige den 8., 15. und 29. Dezember auf dem Kalender.
Male sie blau an.

Dezember

1 ..... Trage ein.

Dezember **23** ___ 12. Dezember **8** ___ 12. Dezember **15** ___ 12. Dezember **30** ___ 12.

2 ..... Trage ein.

  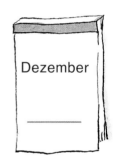 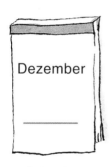

Dezember _____ 10.12. Dezember _____ 21.12. Dezember _____ 4.12. Dezember _____ 31.12.

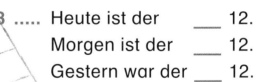

3 ..... Heute ist der ___ 12.

Morgen ist der ___ 12.

Gestern war der ___ 12.

4 ..... Trage die fehlenden Daten ein.

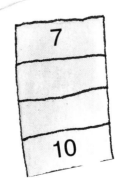

7

10

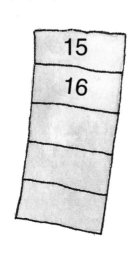

15

16

26

29

Schreibweise von Ordnungszahlen üben; Daten übertragen; aktuelles Datum eintragen; fehlende Daten ergänzen.

67

Päckchen falten

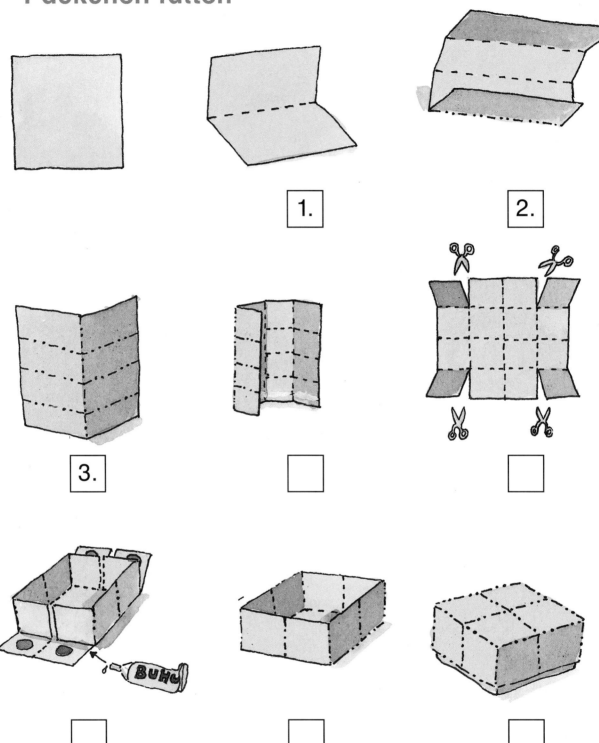

1 ..... Falte, schneide und klebe.

2 ..... Trage die Reihenfolge ein.

Bunte Päckchen und Lichterketten

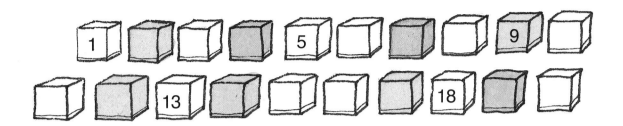

1 ..... Male das 1., 6., 11. und 16. Päckchen rot.

2 ..... Male das 3., 8., 13. und 18. Päckchen gelb.

3 ..... Male das 5., 10., 15. und 20. Päckchen lila.

4 ..... Trage ein.

Das ___ , ___ , ___ und ___ Päckchen ist blau.

Das ___ , ___ , ___ und ___ Päckchen ist grün.

5 ..... Trage ein.

Mond: _1._ , _5._ , ___ , ___ , ___

Stern: _2._ , ___ , ___ , ___ , ___

Baum: ___ , ___ , ___ , ___ , ___

Kugel: ___ , ___ , ___ , ___ , ___

6 ..... Male den 3., 9., 12. und 17. Anhänger rot an.

Päckchen und Anhänger nach Vorschrift einfärben; Ordnungszahlen eintragen; Zahlenfolgen entdecken.

69

Weihnachtsrechnen

1 ..... Rechne und trage ein.

$3 + 5 = \underline{\hspace{1cm}}$

$3 + 6 = \underline{\hspace{1cm}}$

$3 + 7 = \underline{\hspace{1cm}}$

$3 + 8 = \underline{\hspace{1cm}}$

$16 - 3 = \underline{\hspace{1cm}}$

$16 - 4 = \underline{\hspace{1cm}}$

$16 - 5 = \underline{\hspace{1cm}}$

$16 - 6 = \underline{\hspace{1cm}}$

Rund um Weihnachten

1 ..... Trage die fehlenden Tage ein.

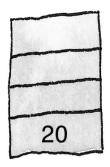

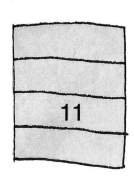

2 ..... Trage ein.

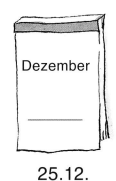

Dezember	Dezember	Dezember	Dezember
26	24	___	___
__ 12.	__ 12.	25.12.	28.12.

3 ..... Male an. Zähle von unten:
das 4. Päckchen rot,
das 3. Päckchen gelb,
das 1. Päckchen blau.

4 ..... Rechne und trage ein.

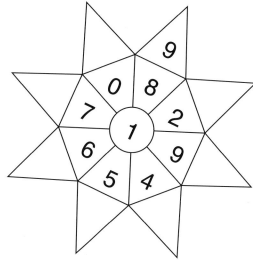

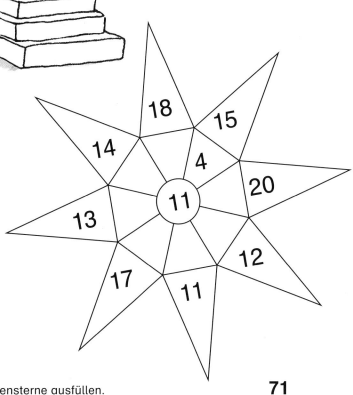

Daten eintragen; Päckchen nach Vorschrift färben; Rechensterne ausfüllen.

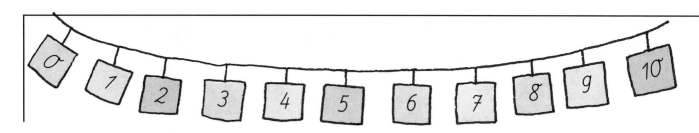

Plus und Minus über Zehn

Zerlegungen der Zahlen 12 und 13 finden: mit Würfeln, Plättchen und Streifen Zerlegungen legen, das Zwanzigerfeld als Hilfsmittel verwenden; Aufgaben zu eigenen Zerlegungen schreiben.

10 + 3 = ___
9 + 4 = ___
8 + 5 = ___
7 + 6 = ___

13

18 − 6 = ___
17 − 5 = ___
15 − 3 = ___
14 − 2 = ___

12

1 ..... Lege oder male nach. Rechne.

Weitere Zerlegungen der Zahlen 12 und 13 finden; Additions- und Subtraktionsaufgaben,
im Zwanzigerfeld malen, beim Subtrahieren wegstreichen; rechnen.

Das Doppelte und weiter

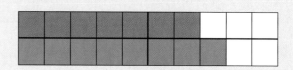

$$7 + 7 = 14 \qquad\qquad 7 + 8 = 15$$

1 ..... Male. Rechne.

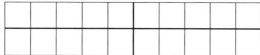

$$6 + 6 = \underline{} \qquad\qquad 7 + 7 = \underline{}$$

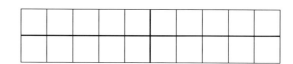

$$8 + 8 = \underline{} \qquad\qquad 9 + 9 = \underline{}$$

2 ..... Male. Rechne.

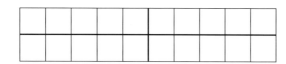

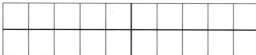

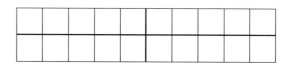

$$6 + 6 = \underline{} \qquad\qquad 6 + 7 = \underline{}$$

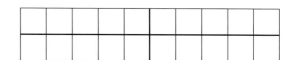

$$8 + 8 = \underline{} \qquad\qquad 8 + 9 = \underline{}$$

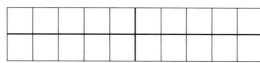

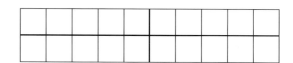

$$5 + 5 = \underline{} \qquad\qquad 6 + 5 = \underline{}$$

Verdoppeln als Strategie zum Zehnerübergang bei der Addition anwenden;
Zwanzigerfeld passend färben; rechnen.

Mit Halbieren über die Zehn

1 ..... Trage ein.

Zahl	5	3	9	6	0	2	7
das Doppelte	10						

2 ..... Trage ein.

Zahl	16	20	10	8	12	4	18
die Hälfte	8						

3 ..... Male und streiche weg. Rechne.

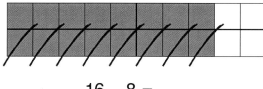   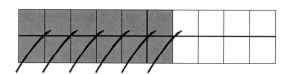

$16 - 8 =$ ___ $12 - 6 =$ ___

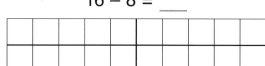   

$17 - 8 =$ ___ $12 - 7 =$ ___

4 ..... Rechne.

$12 - 6 =$ ___ $10 - 5 =$ ___ $20 - 10 =$ ___

$14 - 7 =$ ___ $18 - 9 =$ ___ $16 - 8 =$ ___

5 ..... Rechne.

$16 - 7 =$ ___ $18 - 10 =$ ___ $20 - 11 =$ ___

$16 - 8 =$ ___ $18 - 9 =$ ___ $20 - 10 =$ ___

$16 - 9 =$ ___ $18 - 8 =$ ___ $20 - 9 =$ ___

6 ..... Finde die Hälfte.

$20 = 10 +$ ___ $18 =$ ___ $+ 9$ $12 =$ ___ $+$ ___

$16 =$ ___ $+ 8$ $8 = 4 +$ ___ $14 =$ ___ $+$ ___

In der Tabelle das Doppelte bzw. die Hälfte eintragen; im Zwanzigerfeld färben und wegstreichen;
Subtraktionsaufgaben lösen.

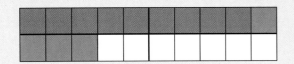

Zuerst bis Zehn, dann weiter

$$9 + 4 = 13$$
$$9 + 1 + 3 = 13$$

1 ..... Male. Rechne.

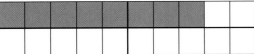

8 + ___ = ___

8 + 2 + 1 = ___

8 + 4 = ___

8 + ___ + ___ = ___

9 + ___ = ___

9 + 1 + 2 = ___

9 + 5 = ___

9 + ___ + ___ = ___

7 + ___ = ___

7 + 3 + 1 = ___

6 + 8 = ___

6 + ___ + ___ = ___

2 ..... Rechne.

7 + 9 = ___

7 + 3 + ___ = ___

9 + 4 = ___

9 + 1 + ___ = ___

5 + 7 = ___

5 + 5 + ___ = ___

3 ..... Rechne.

8 + 2 + 4 = ___

8 + ___ = ___

7 + 3 + 6 = ___

7 + ___ = ___

6 + 4 + 5 = ___

6 + ___ = ___

Zuerst zur Zehn ergänzen, dann weiterrechnen als Strategie zum Zehnerübergang;
im Zwanzigerfeld passend legen und färben; rechnen.

Zurück zur Zehn, dann weiter

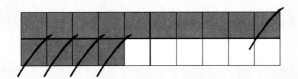

$$14 - 5 = 9$$
$$14 - 4 - 1 = 9$$

1 ..... Male und streiche weg. Rechne.

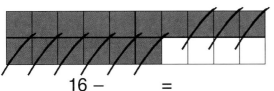

16 – ___ = ___

16 – 6 – 3 = ___

13 –   5   = ___

13 – ___ – ___ = ___

12 – ___ = ___

12 – 2 – 6 = ___

17 –   9   = ___

17 – ___ – ___ = ___

15 – ___ = ___

15 – 5 – 1 = ___

14 –   7   = ___

14 – ___ – ___ = ___

2 ..... Rechne.

12 –   9   = ___   11 –   8   = ___   15 –   9   = ___

12 – 2 – ___ = ___   11 – 1 – ___ = ___   15 – 5 – ___ = ___

3 ..... Rechne.

13 – 3 – 5   = ___   12 – 2 – 2   = ___   15 – 5 – 2   = ___

13 – ___ = ___   12 – ___ = ___   15 – ___ = ___

Zuerst zur Zehn subtrahieren, dann weiterrechnen als Strategie zum Zehnerübergang;
im Zwanzigerfeld passend legen und wegnehmen, färben und wegstreichen; rechnen.

Langsam über die Zehn

1 ..... Lege im Zwanzigerfeld und rechne.

5 + 5 = ___	8 + 2 = ___	9 + 1 = ___
5 + 6 = ___	8 + 3 = ___	9 + 2 = ___
5 + 7 = ___	8 + 4 = ___	9 + 3 = ___

2 ..... Lege im Zwanzigerfeld und nimm weg. Rechne.

13 − 3 = ___	17 − 7 = ___	16 − 6 = ___
13 − 4 = ___	17 − 8 = ___	16 − 7 = ___
13 − 5 = ___	17 − 9 = ___	16 − 8 = ___

Rechnen. Rechnen. Rechnen.

3 ..... Rechne.

5 + 9 = ___	4 + 6 = ___	3 + 8 = ___
9 + 5 = ___	6 + 4 = ___	8 + 3 = ___
5 + 8 = ___	4 + 7 = ___	3 + 9 = ___
8 + 5 = ___	7 + 4 = ___	9 + 3 = ___

4 ..... Rechne.

14 − 5 = ___	15 − 9 = ___	11 − 7 = ___
14 − 9 = ___	15 − 6 = ___	11 − 4 = ___
13 − 5 = ___	16 − 9 = ___	12 − 8 = ___
13 − 8 = ___	16 − 7 = ___	12 − 4 = ___

5 ..... Rechne.

4 + ___ = 12	___ + 7 = 14	8 + ___ = 15
4 + 9 = ___	7 + 8 = ___	___ + 8 = 16
___ + 10 = 14	___ + 9 = 16	8 + 9 = ___

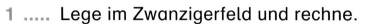

Zehnerübergang bei Addition und Subtraktion üben;
Tauschaufgaben und operative Übungen rechnen.

Rauf und runter

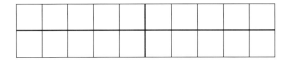

1 ..... Rechne.

6 + 6 = ___   6 + 7 = ___   8 + 8 = ___

5 + 5 = ___   7 + 7 = ___   8 + 7 = ___

5 + 6 = ___   7 + 8 = ___   8 + 9 = ___

2 ..... Rechne.

14 − 7 = ___   12 − 6 = ___   16 − 8 = ___

15 − 7 = ___   13 − 6 = ___   16 − 7 = ___

15 − 8 = ___   13 − 7 = ___   17 − 8 = ___

3 ..... Arbeite im Zwanzigerfeld. Rechne.

6 + 9   = ___   16 − 9   = ___

6 + 4 + ___ = ___   16 − ___ − ___ = ___

4 ..... Rechne.

2 + 9   = ___   6 +   8   = ___   4 +   8   = ___

2 + 8 + ___ = ___   6 + ___ + ___ = ___   4 + ___ + ___ = ___

6 +   6   = ___   8 +   7   = ___   5 +   8   = ___

6 + ___ + ___ = ___   8 + ___ + ___ = ___   5 + ___ + ___ = ___

5 ..... Rechne.

11 −   8   = ___   17 −   9   = ___   15 −   9   = ___

11 − 1 − ___ = ___   17 − ___ − ___ = ___   15 − ___ − ___ = ___

16 −   7   = ___   13 −   6   = ___   14 −   5   = ___

16 − ___ − ___ = ___   13 − ___ − ___ = ___   14 − ___ − ___ = ___

Mit Zehnerübergang addieren und subtrahieren; passend färben und wegstreichen.   **79**

Ähnliche Plus- und Minusaufgaben

1 ..... Rechne.

6 + 2 = ___

7 – 5 = ___

16 + 2 = ___

17 – 5 = ___

2 ..... Rechne.

5 + 1 = ___   4 + 2 = ___   3 + 3 = ___

15 + 1 = ___   14 + 2 = ___   13 + 3 = ___

6 + ___ = 9   ___ + 7 = 7   ___ + 4 = 10

16 + ___ = 19   ___ + 7 = 17   ___ + 14 = 20

12 = 10 + ___   15 = ___ + 2   18 = 16 + ___

2 = 0 + ___   5 = ___ + 2   8 = 6 + ___

3 ..... Rechne.

8 – 4 = ___   7 – 6 = ___   9 – 8 = ___

18 – 4 = ___   17 – 6 = ___   19 – 18 = ___

4 – ___ = 4   ___ – 5 = 3   16 – ___ = 2

14 – ___ = 4   ___ – 5 = 13   6 – ___ = 2

16 = 19 – ___   18 = ___ – 2   14 = 17 – ___

6 = 9 – ___   8 = ___ – 2   4 = 7 – ___

80   Analogieaufgaben zur Addition und Subtraktion rechnen.

Würfelspiele

1 ..... Rechne.

4 + 6 = ___   ___ + 3 = 7   3 + 6 = ___

3 + 5 = ___   6 + ___ = 12   5 + 1 = ___

2 + 1 = ___   ___ + 6 = 11   6 + 2 = ___

2 ..... Würfle mit zwei Würfeln. Zähle die Punkte zusammen.
Mache eine Strichliste. Trage in die Tabelle ein.

Würfelsumme	Strichliste	Zusammen
2		
3		
4		
5		
6		
7		
8		
9		
10		
11		
12		

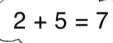

2 + 5 = 7

Würfelzahlen addieren; mit zwei Würfeln spielen, Augensummen ausrechnen, Strichlisten anfertigen, Tabelle ausfüllen.

Rechenmeister

1 ..... Rechne.

5	7	12

$5 + 7 = 12$

$7 + 5 = 12$

$12 - 5 = 7$

$12 - 7 = 5$

3	8	11

____ + ____ = ____

____ + ____ = ____

____ - ____ = ____

____ - ____ = ____

5	10	15

____ + ____ = ____

____ + ____ = ____

____ - ____ = ____

____ - ____ = ____

7	9	16

____ + ____ = ____

____ + ____ = ____

____ - ____ = ____

____ - ____ = ____

12	4	8

____ + ____ = ____

____ + ____ = ____

____ - ____ = ____

____ - ____ = ____

6	17	11

____ + ____ = ____

____ + ____ = ____

____ - ____ = ____

____ - ____ = ____

2 ..... Setze + oder – ein.

$8 \bigcirc 7 = 15$

$15 \bigcirc 7 = 8$

$7 \bigcirc 8 = 15$

$15 \bigcirc 8 = 7$

$11 \bigcirc 6 = 5$

$11 \bigcirc 5 = 6$

$5 \bigcirc 6 = 11$

$6 \bigcirc 5 = 11$

$16 \bigcirc 10 = 6$

$10 \bigcirc 6 = 16$

$6 \bigcirc 10 = 16$

$16 \bigcirc 6 = 10$

3 ..... Rechne und trage ein.

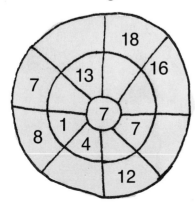

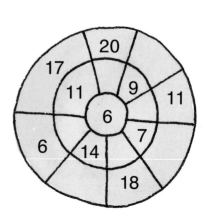

Zu drei Zahlen Umkehraufgaben und Tauschaufgaben zusammenstellen;
Rechenzeichen einsetzen; Rechenräder ausfüllen.

4 ..... Rechne. Zuerst bis 10, dann weiter.

$7 + 9$ = ___ $8 + 5$ = ___ $4 + 8$ = ___

$7 + 3 +$ ___ = ___ $8 + 2 +$ ___ = ___ $4 + 6 +$ ___ = ___

$1 + 10$ = ___ $9 + 9$ = ___ $5 + 7$ = ___

$1 +$ ___ $+$ ___ = ___ $9 +$ ___ $+$ ___ = ___ $5 +$ ___ $+$ ___ = ___

5 ..... Rechne. Zuerst bis 10, dann weiter.

$13 - 7$ = ___ $16 - 8$ = ___ $12 - 7$ = ___

$13 - 3 -$ ___ = ___ $16 -$ ___ $-$ ___ = ___ $12 -$ ___ $-$ ___ = ___

$14 - 6$ = ___ $15 - 8$ = ___ $17 - 9$ = ___

$14 -$ ___ $-$ ___ = ___ $15 -$ ___ $-$ ___ = ___ $17 -$ ___ $-$ ___ = ___

6 ..... Setze <, > oder = ein.

$18 - 3$ ⬤ 5 18 ⬤ $8 + 12$ 18 ⬤ $8 + 8$

$18 - 3$ ⬤ 15 19 ⬤ $13 + 6$ 7 ⬤ $17 - 9$

$17 + 2$ ⬤ 20 14 ⬤ $7 + 8$ 12 ⬤ $12 - 0$

7 ..... Rechne.

$10 + 5 =$ ___ $12 + 7 =$ ___ $18 =$ ___ $+ 4$

$16 - 6 =$ ___ $14 - 2 =$ ___ $19 =$ ___ $+ 5$

$10 + 7 =$ ___ $20 + 0 =$ ___ $19 =$ ___ $+ 15$

$19 - 9 =$ ___ $15 - 3 =$ ___ $16 =$ ___ $+ 12$

8 ..... Rechne.

$7 + 8 =$ ___   ___ $+ 5 = 13$ $17 - 9 =$ ___

___ $- 9 = 7$ $12 -$ ___ $= 5$ $15 -$ ___ $= 9$

$8 +$ ___ $= 16$ $6 +$ ___ $= 12$ ___ $+ 5 = 14$

Symmetrie des Körpers

links

Symmetrie am menschlichen Körper wahrnehmen; Beobachtungen am Spiegel machen;
Rechts-links-Zuordnung; Koordinationsübungen; Körpersenkrechte.

1 ..... Schau dir die Bilder an. Wo findest du gleiche Teile?

2 ..... Bewege dich wie Leonardo.

3 ..... Bewege dich wie ein Vogel oder wie ein Schmetterling.

rechts

Symmetrie bei Tieren wahrnehmen; Bewegungen von Tieren durch synchrones
Bewegen beider Körperseiten nachahmen.

Links wie rechts ...

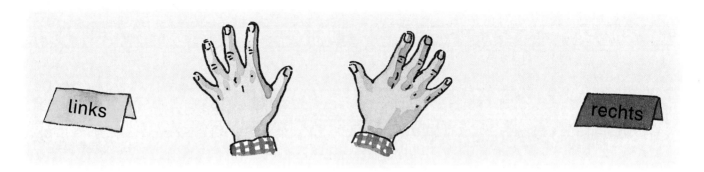

1 ..... Male aus. Links gelb, rechts rot.

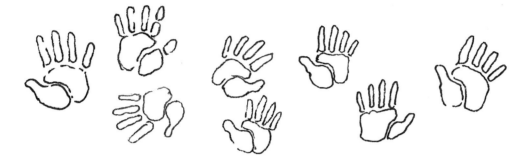

2 ..... Macht die Bewegungen nach.

3 ..... Lege nach.

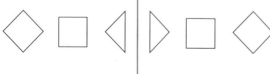

4 ..... Lege nach. Mache beide Seiten gleich.

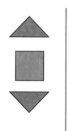

86 Linke und rechte Hände unterscheiden; Handabdrücke passend anmalen; Bewegungen symmetrisch nachstellen; Koordinationsübungen durchführen; Körpergefühl gewinnen; Raum-Lage-Beziehung beim Nachlegen von Figuren vertiefen.

... und rechts wie links

1 ..... Male aus. Links gelb, rechts rot.

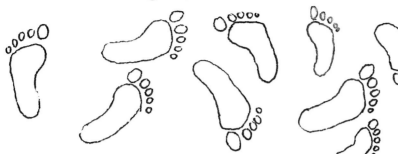

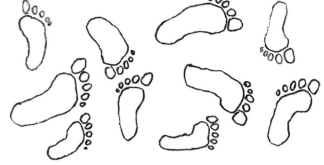

2 ..... Falte und kleckse.

3 ..... Falte und schneide.

 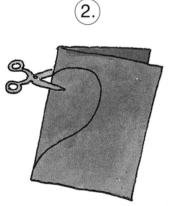  

① ② ③ ④

4 ..... Zeichne die Figuren weiter.

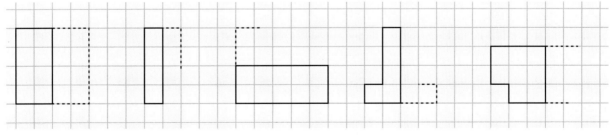

Rechte und linke Füße unterscheiden; Fußabdrücke passend ausmalen; achsensymmetrische Bilder **87**
und Figuren durch Falten und Klecksen bzw. Falten und Schneiden herstellen; Muster achsen-
symmetrisch ergänzen.

Verdoppeln und halbieren

4 + 4 = 8

8 ist das Doppelte von 4.

12 = 6 + 6

6 ist die Hälfte von 12.

1 ..... Lege mit Plättchen.

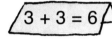 3 + 3 = 6

14 = 7 + 7

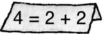 4 = 2 + 2

5 + 5 = 10

10 + 10 = 20

18 = 9 + 9

2 ..... Rechne.

0 + 0 = ___	___ = 6 + 6	4 + ___ = 8	20 = ___ +10
1 + 1 = ___	___ = 7 + 7	2 + ___ = 4	18 = ___ + 9
2 + 2 = ___	___ = 8 + 8	0 + ___ = 0	16 = ___ + 8
3 + 3 = ___	___ = 9 + 9	5 + ___ = 10	14 = ___ + 7
5 + 5 = ___	___ = 10 + 10	3 + ___ = 6	10 = ___ + 5

2	4	6	8	10	gerade
1	3	5	7	9	ungerade

3 ..... Finde andere gerade und ungerade Zahlen. Lege auch.

Noch mehr gleiche Teile

1 ..... Finde die Hälften. Male sie aus.

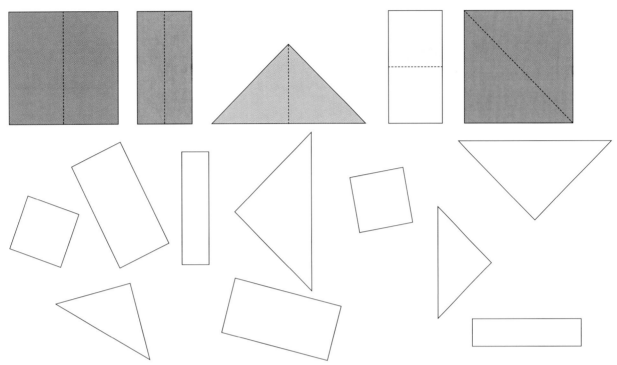

2 ..... Untersuche die Zähne. Wie viele Zähne sind es? Fülle die Tabelle aus.

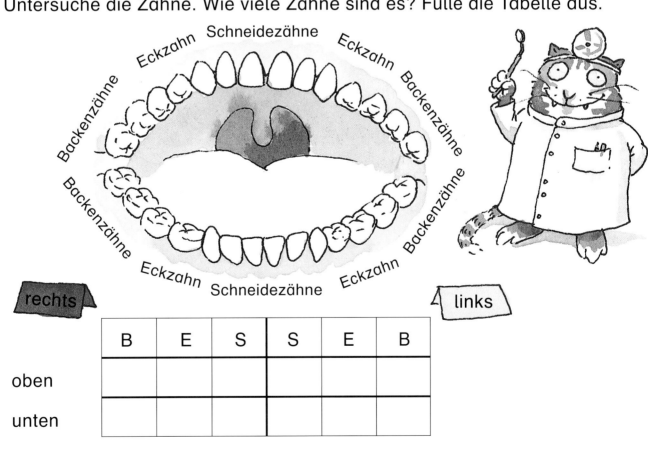

	B	E	S	S	E	B
oben						
unten						

Geometrische Formen wiederholen, Hälften der Formen dem Ganzen zuordnen, passend ausmalen; das Gebiss auf Symmetrie untersuchen, Zahnarten unterscheiden, Anzahl der Zähne bestimmen, Tabelle ausfüllen.

Rechts und links gleichzeitig

1 ..... Male mit zwei Stiften und beiden Händen.

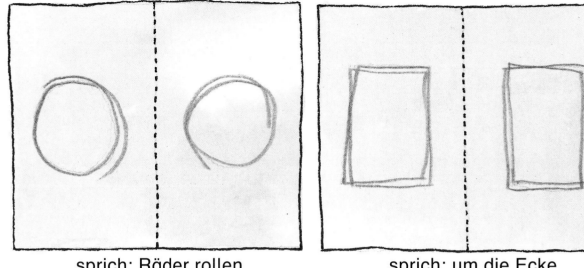

sprich: Räder rollen   sprich: um die Ecke

2 ..... Male mit einem Stift und beiden Händen.

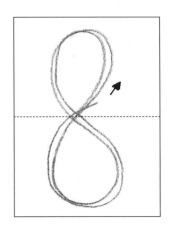
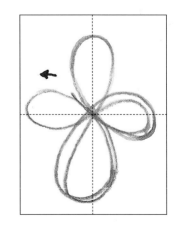

Aufgaben-Mix

1 ..... Schreibe Aufgaben.

      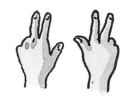

___ + ___ = ___   ___ + ___ = ___   ___ + ___ = ___

2 ..... Rechne.

$2 = 1 +$ ___ $14 = 7 +$ ___ $5 + 5 =$ ___ $3 +$ ___ $= 6$

$4 = 2 +$ ___ $16 = 8 +$ ___ $8 + 8 =$ ___ $6 +$ ___ $= 12$

$8 = 4 +$ ___ $18 = 9 +$ ___ $4 + 4 =$ ___ $9 +$ ___ $= 18$

$0 = 0 +$ ___ $20 = 10 +$ ___ $2 + 2 =$ ___ $10 +$ ___ $= 20$

3 ..... Schreibe Aufgaben.

    a) Sara und Lea bekommen Nüsse. Jede bekommt sieben Nüsse.

    b) Nino und Jonas teilen sich acht Nüsse.

4 ..... Male die Hälfte von jeder Figur aus.

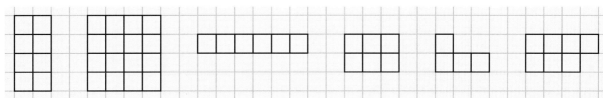

5 ..... Male erst mit der linken Hand, dann mit der rechten.

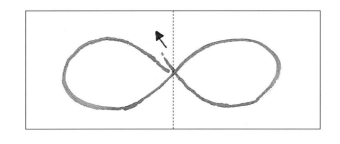

Anzahl der Finger bestimmen, Aufgaben schreiben; Verdopplungsaufgaben rechnen; Sachaufgaben im Heft lösen; die Hälfte finden und ausmalen; feinmotorische Übungen für beide Hände machen.

1 ..... Trage ein.

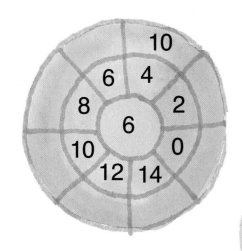 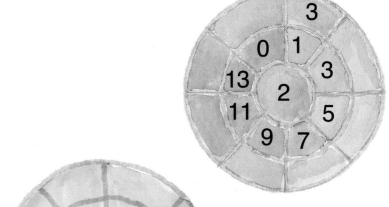

2 ..... Rechne.

7 + 3 = ___	9 + 6 = ___	12 − 0 = ___	15 − 2 = ___
7 + 4 = ___	9 + 7 = ___	12 − 1 = ___	15 − 3 = ___
7 + 5 = ___	9 + 8 = ___	12 − 2 = ___	15 − 4 = ___
7 + 6 = ___	9 + 9 = ___	12 − 3 = ___	15 − 5 = ___

3 ..... Rechne.

10 + 10 = ___	2 + 7 = ___	5 + 8 = ___	12 + 5 = ___
14 + 4 = ___	7 + 2 = ___	8 + 5 = ___	14 − 7 = ___
20 − 10 = ___	4 + 9 = ___	6 + 5 = ___	13 + 7 = ___
18 − 4 = ___	9 + 4 = ___	5 + 6 = ___	12 − 6 = ___

4 ..... Trage ein.

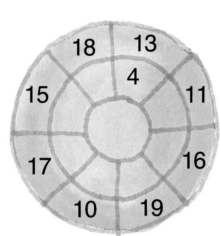

5 ..... Rechne.

7 + 7 = ___

8 + 8 = ___

9 + 9 = ___

7 + 6 = ___	8 + 7 = ___	8 + 9 = ___
6 + 7 = ___	7 + 8 = ___	___ + ___ = ___
7 + 8 = ___	8 + 9 = ___	___ + ___ = ___
8 + 7 = ___	9 + 8 = ___	___ + ___ = ___

6 ..... Ergänze.

4 + ___ = 11	6 + ___ = 9	8 + ___ = 15	4 + ___ = 12
5 + ___ = 12	7 + ___ = 14	8 + ___ = 17	5 + ___ = 11
8 + ___ = 13	3 + ___ = 11	8 + ___ = 19	9 + ___ = 16

Rechenräder ausfüllen; Verdopplungsaufgaben als Rechenhilfe nutzen; ergänzen; Ordnungszahlen eintragen.

Alle mithüpfen, bitte!

Hüpfspiele auf dem Schulhof nachspielen.

Zahlenstrahl aufmalen; Zahlen schreiben;
nach Hüpfkarten hüpfen.

Auf dem Zahlenstrahl

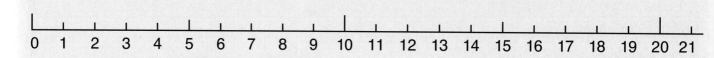

0 1 2 3 4 5 6 7 8 9 10 11 12 13 14 15 16 17 18 19 20 21

1 ..... Wohin gehören die Zahlen?

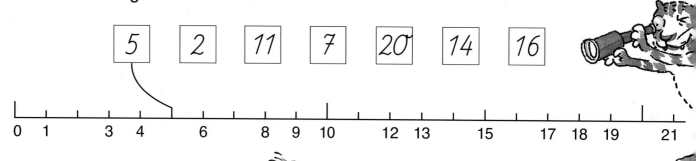

| 5 | 2 | 11 | 7 | 20 | 14 | 16 |

0 1 3 4 6 8 9 10 12 13 15 17 18 19 21

2 ..... Trage ein.

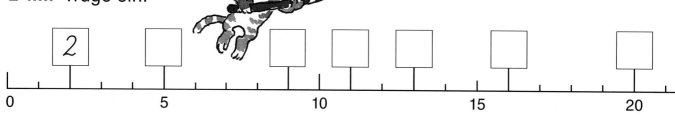

| 2 | | | | | | |

0 5 10 15 20

3 ..... Trage ein.

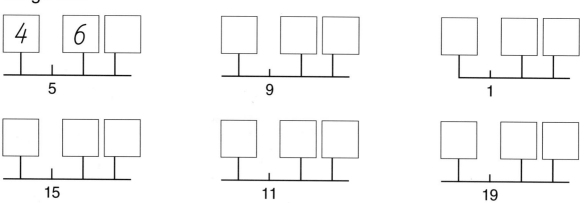

| 4 | 6 | |
5

| | | |
9

| | | |
1

| | | |
15

| | | |
11

| | | |
19

4 ..... Zeige die Zahlen am Zahlenstrahl. Trage <, > oder = ein.

5 ⬤ 9   6 ⬤ 7   2 ⬤ 12   14 ⬤ 14

16 ⬤ 9   7 ⬤ 7   8 ⬤ 0   6 ⬤ 11

Über den Zahlenstrahl

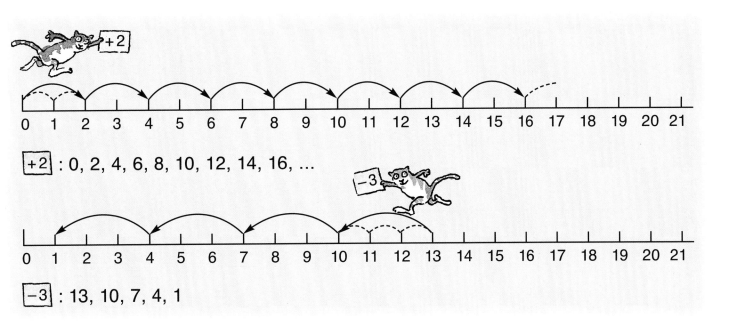

+2 : 0, 2, 4, 6, 8, 10, 12, 14, 16, ...

-3 : 13, 10, 7, 4, 1

1 ..... Hüpfe vor oder zurück.

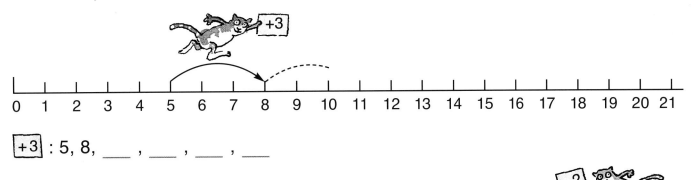

+3 : 5, 8, ___ , ___ , ___ , ___

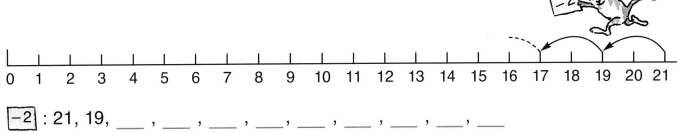

-2 : 21, 19, ___ , ___ , ___ , ___ , ___ , ___ , ___ , ___ , ___

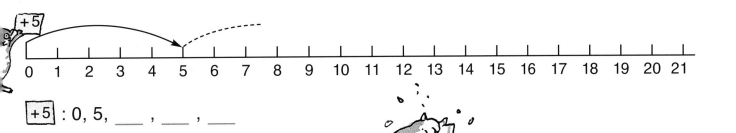

+5 : 0, 5, ___ , ___ , ___

Sprünge einzeichnen; Zahlenfolgen fortsetzen.

97

Verschieden große Sprünge

1 ..... Wie groß war der Sprung? Zeichne ein.

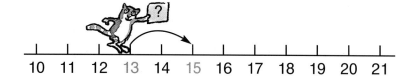

13 + ___ = 15

3 + ___ = 6

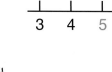

5 + ___ = 9

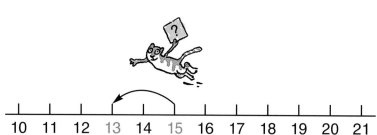

15 − ___ = 13

6 − ___ = 3

9 − ___ = 5

2 ..... Rechne.

12 + ___ = 16	14 − ___ = 10	13 + ___ = 20
14 + ___ = 18	8 − ___ = 4	15 + ___ = 20
16 + ___ = 20	4 − ___ = 4	19 + ___ = 20

Start und Landung

1 ..... Wo landet der Kater?

3 4 5

$$4 + 3 = \underline{}$$

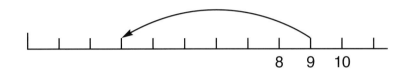

8 9 10

$$9 - 6 = \underline{}$$

11 12 13

$$12 + 4 = \underline{}$$

2 ..... Wo ist der Kater gestartet?

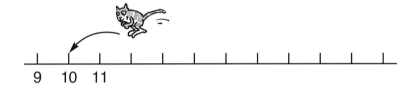

9 10 11

$$\underline{} - 3 = 10$$

9 10 11

$$\underline{} + 3 = 10$$

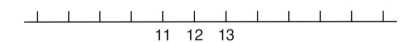

11 12 13

$$\underline{} - 5 = 12$$

3 ..... Rechne.

$$12 + 3 = \underline{} \qquad \underline{} + 8 = 9 \qquad \underline{} - 4 = 5$$

$$8 - 8 = \underline{} \qquad \underline{} + 6 = 19 \qquad \underline{} - 2 = 15$$

$$6 + 4 = \underline{} \qquad \underline{} + 6 = 16 \qquad \underline{} - 2 = 13$$

Zahlen am Zahlenstrahl eintragen; Sprünge einzeichnen;
addieren und subtrahieren.

99

Mit zwei Sprüngen über die Zehn

1 ..... Zeichne und rechne.

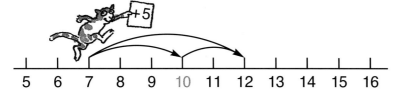

| 5 | 6 | 7 | 8 | 9 | 10 | 11 | 12 | 13 | 14 | 15 | 16 |

$7 + 5 = \underline{}$

$7 + 3 + 2 = 12$

| 8 | 9 | 10 | 11 | 12 | 13 | 14 | 15 | 16 | 17 | 18 | 19 |

$9 + 6 = \underline{}$

$9 + \underline{} + \underline{} = \underline{}$

| 5 | 6 | 7 | 8 | 9 | 10 | 11 | 12 | 13 | 14 | 15 | 16 |

$8 + 7 = \underline{}$

$8 + \underline{} + \underline{} = \underline{}$

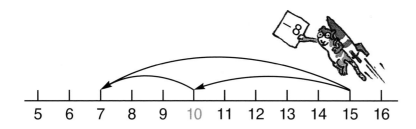

| 5 | 6 | 7 | 8 | 9 | 10 | 11 | 12 | 13 | 14 | 15 | 16 |

$15 - 8 = \underline{}$

$15 - 5 - 3 = 7$

| 6 | 7 | 8 | 9 | 10 | 11 | 12 | 13 | 14 | 15 | 16 | 17 |

$13 - 6 = \underline{}$

$13 - \underline{} - \underline{} = \underline{}$

| 7 | 8 | 9 | 10 | 11 | 12 | 13 | 14 | 15 | 16 | 17 | 18 |

$12 - 5 = \underline{}$

$12 - \underline{} - \underline{} = \underline{}$

2 ..... Rechne.

$5 + 9 = \underline{}$ $\qquad$ $17 - 9 = \underline{}$ $\qquad$ $4 + 7 = \underline{}$

$6 + 8 = \underline{}$ $\qquad$ $16 - 8 = \underline{}$ $\qquad$ $5 + 7 = \underline{}$

$7 + 7 = \underline{}$ $\qquad$ $15 - 7 = \underline{}$ $\qquad$ $6 + 7 = \underline{}$

$5 + 9 =$
$5 + 5 + 4 =$

100 Aufgaben mit Zehnerübergang: Sprünge mit Stopp bei der 10 einzeichnen; addieren und subtrahieren.

Wir hüpfen immer weiter

1 ..... Hüpfe immer um zwei vor.

$\boxed{+2}$: 1, 3, ___ , ___ , ___ , ___ , ___ , ___ , ___ , ___

$\boxed{+2}$: 0, 2, ___ , ___ , ___ , ___ , ___ , ___ , ___ , ___

2 ..... Hüpfe immer um drei zurück.

$\boxed{-3}$: 20, 17, ___ , ___ , ___ , ___ , ___

$\boxed{-3}$: 19, ___ , ___ , ___ , ___ , ___ , ___

$\boxed{-3}$: 18, ___ , ___ , ___ , ___ , ___ , ___

3 ..... Rechne. Trage ein.

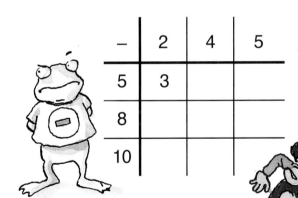

+	2	4	10
5	7	9	
8	10		
10			

−	2	4	5
5	3		
8			
10			

4 ..... Wie groß war der Sprung?

4 + ___ = 8   7 − ___ = 5   3 + ___ = 12

5 + ___ = 10   9 − ___ = 5   6 + ___ = 12

2 + ___ = 4   5 − ___ = 5   9 + ___ = 12

5 ..... Wo ist der Kater gestartet?

___ − 2 = 12   ___ + 5 = 9   ___ − 6 = 7

___ − 4 = 14   ___ + 8 = 12   ___ − 7 = 7

Addieren und subtrahieren; Ergebnisse in Tabellen eintragen.

Frühling

In der Natur Frühlingszeichen sammeln.

Unsere Bohne

2.3. 6.3. 8.3. 10.3. 12.3. 15.3. 17.3. 19.3. 24.3.

März **24**

März **23**

März **22**

1. 3.3.

24.3.

10.3.

5.3.

Meine Tulpe

1. 2. 3. 4.

1 ..... Bringe die Bilder in die richtige Reihenfolge. Trage ein.

2 ..... Pflanzt selbst. Beobachtet und malt.

Zum Bild erzählen; selbst in der Klasse pflanzen; Keimen und Wachsen beobachten; bei den
Wachstumsbildern der Tulpe die Ordungszahlen eintragen; das Poster „Meine Tulpe" ausmalen.

Der Monat März

24. März
24. 3.

Der März ist der
3. Monat im Jahr.

1 ..... Trage ein.

__ 3.

__ 3.

_____

_____

März	März	März	März
_____	_____	_____	_____

27.3.   3.3.   17.3.   9.3.

2 ..... Ordne. Beginne mit dem frühesten Datum.

2.3., 7.3.,_____ , _____ , _____ , _____ , _____

Unsere Bohne im März

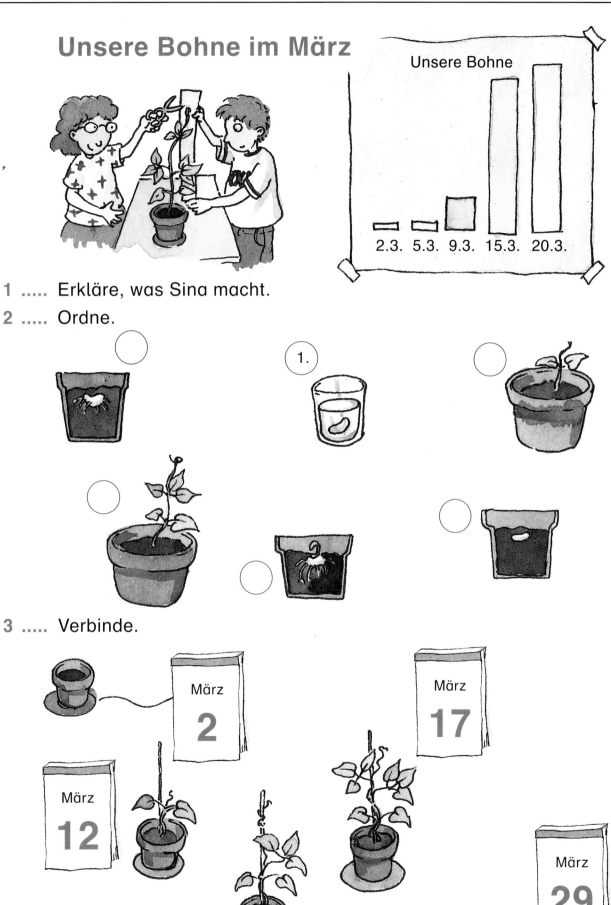

Unsere Bohne

2.3. 5.3. 9.3. 15.3. 20.3.

1 ..... Erkläre, was Sina macht.

2 ..... Ordne.

1.

3 ..... Verbinde.

März
2

März
17

März
12

März
29

Zusammenhang von Bild und Plakat erkennen: Wachstum einer Bohne beobachten, Streifen in
passender Länge abschneiden und aufkleben; den verschiedenen Wachstumsstadien einer Bohne
passende Ordnungszahlen zuordnen; Daten und Wachstumsstadien einander zuordnen.

105

Wir lassen Erbsen keimen

1 ..... Zähle Sinas Keime. Trage ein.

	1. Tag	2. Tag	3. Tag	4. Tag	5. Tag
Keime insgesamt	0	4			

2 ..... Zähle Ninos Keime. Trage ein.

Tag	1.	2.	3.	4.	5.
Keime insgesamt					

3 ..... Trage ein.

Tag	1.	2.	3.	4.	5.	6.	7.	8.
Keime insgesamt	0	5	12	16	17	17	19	19
Keime neu dazu	–	5	7					0

4 ..... Legt zwanzig Erbsen auf feuchte Watte.
Macht eine Tabelle.

106 Keime zählen und Anzahl in die Tabelle eintragen; Anzahl der seit dem Vortag neu dazu gekommenen Keime bestimmen und in die Tabelle eintragen; selbst Erbsen keimen lassen, beobachten, Tabelle anlegen.

5 ..... Rechne.

9 + 5 = ___	___ + 6 = 13	14 = 6 + ___
7 + 11 = ___	___ + 7 = 15	15 = 9 + ___
18 + 0 = ___	___ + 8 = 17	16 = 16 + ___
6 + 8 = ___	___ + 9 = 19	17 = 8 + ___

6 ..... Trage ein.

Tag	1.	2.	3.	4.	5.	6.	7.	8.
Keime insgesamt	0	1	7					20
Keime neu dazu	–	1	6	5	5	2	0	1

7 ..... Rechne.

18 – 12 = ___	___ – 4 = 16	9 = 16 – ___
17 – 13 = ___	___ – 7 = 9	5 = 14 – ___
16 – 2 = ___	___ – 5 = 13	16 = 20 – ___
15 – 15 = ___	___ – 9 = 5	13 = 18 – ___

8 ..... Trage ein.

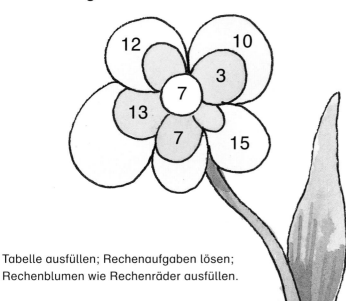

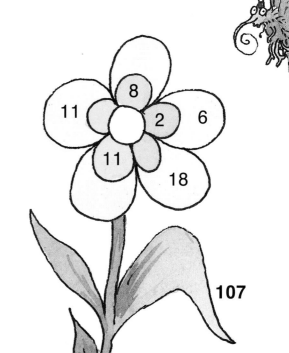

Tabelle ausfüllen; Rechenaufgaben lösen;
Rechenblumen wie Rechenräder ausfüllen.

107

Blätterzahlen

1 ..... Zähle die Blätter. Mache eine Strichliste.

1		8	
2		9	
3		10	
4		11	
5	ı	12	
6		13	
7		14	

2 ..... Trage ein.

Blätter	0	2	5	8	11	14	17	20
neu dazu	–	2	3					

3 ..... Trage ein. Immer 3 dazu.

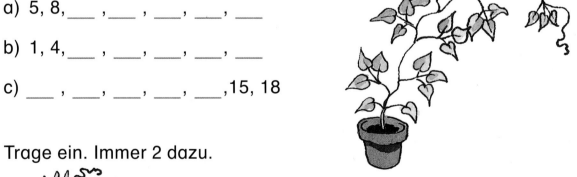

a) 5, 8, ___ , ___ , ___, ___, ___

b) 1, 4, ___ , ___ , ___, ___, ___

c) ___ , ___ , ___ , ___ , ___ ,15, 18

4 ..... Trage ein. Immer 2 dazu.

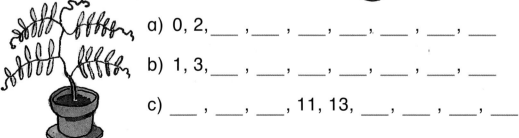

a) 0, 2, ___ , ___ , ___, ___, ___ , ___, ___

b) 1, 3, ___ , ___ , ___, ___, ___ , ___, ___

c) ___ , ___ , ___, 11, 13, ___ , ___ , ___, ___

Blätter der Bohnenpflanzen zählen, Strichliste anfertigen; Ursache der Zahlenfolge in der Blätteranordnung der Bohnen erkennen; Tabelle ausfüllen; Zahlenfolgen weiterführen.

Vielerlei

1 ..... Trage ein.

März	März **11**	März **23**	März

17.3.   __ 3.   __ 3.   4.3.

2 ..... Trage ein.

Tag	1.	2.	3.	4.	5.	6.	7.	8.
Keime insgesamt	0	2	8	14	15			19
Keime neu dazu	–	2	6			2	0	2

3 ..... Rechne.

$8 + \underline{} = 12$ $20 - \underline{} = 11$ $\underline{} + 6 = 20$

$7 + \underline{} = 16$ $19 - \underline{} = 8$ $\underline{} + 9 = 18$

$15 + \underline{} = 18$ $\underline{} - 8 = 7$ $6 + 9 = \underline{}$

$9 + \underline{} = 17$ $\underline{} - 7 = 7$ $9 + \underline{} = 9$

4 ..... Trage ein.

a) immer 2 dazu: ___ , ___ , 13, ___ , ___

b) immer 3 dazu: ___ , ___ , 13, ___ , ___

c) immer 5 dazu: ___ , ___ , 13, ___ , ___

Der Pyramidenbaumeister

Vor 4500 Jahren ließen sich
die Könige von Ägypten
Pyramiden als Grabstätten bauen.

Für die größte, die Cheops-Pyramide,
wurden etwa zwei Millionen Steine gebraucht.

Wir bauen lieber Zahlenpyramiden.

Ich habe die Pyramidenzahl gefunden.

11

5 6
3 2 4

4 3 2
5
7
12

Zahlenpyramiden: Eine Zahl ist jeweils die Summe der beiden darunter liegenden Zahlen;
die oberste Zahl wird Pyramidenzahl genannt.

1 ..... Trage die fehlenden Zahlen ein.

2 ..... Denke dir noch mehr Zahlenpyramiden aus.

Zahlenpyramiden ausfüllen; weitere Zahlenpyramiden ausdenken.

Wer ist der beste Pyramidenbaumeister?

1 ..... Trage die fehlenden Zahlen ein.
Kreise die größte Pyramidenzahl ein.

Wer aus den Zahlen 5, 2 und 4 die Pyramide mit der größten Pyramidenzahl baut, bekommt den Baumeisterhut.

2 ..... Die Pyramidenbauer bekommen diese drei Zahlen: ⑥ ③ ①
Trage die Zahlen ein und berechne die Pyramidenzahlen.

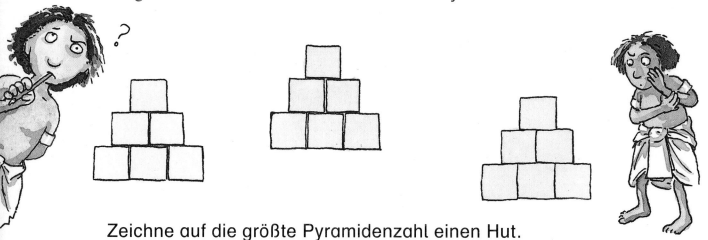

Zeichne auf die größte Pyramidenzahl einen Hut.

3 ..... Denke dir drei andere Zahlen aus und baue daraus Zahlenpyramiden.

In der Baumeisterschule

1 ..... Setze die richtigen Zahlen ein.

2 ..... Setze die Zahlen von 1 bis 7 passend in die Zauberkreise ein.

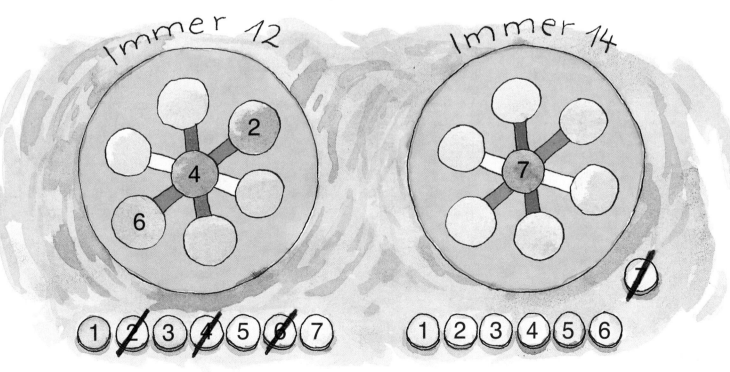

3 ..... Lege mit den Zahlen von 1 bis 7 den Zauberkreis der 10.

4 ..... Hüpfspiel: Immer 10. Schreibe das Protokoll dazu.

10

$4 + 2 + 4$

$7 + 3$

5 ..... Wegespiel: Finde den Weg von der 1 bis zur 20.
Zeichne den Weg ein.

$20 - 1 =$	$16 + 4 =$	$12 - 7 =$	$8 - 4 =$	$9 - 8 =$
$9 + 9 =$	$12 + 5 =$	$14 - 8 =$	$9 - 6 =$	$7 - 5 =$
$8 + 7 =$	$7 + 9 =$	$16 - 9 =$	$13 - 5 =$	$12 - 3 =$
$9 + 5 =$	$7 + 6 =$	$18 - 6 =$	$16 - 5 =$	$15 - 5 =$

Ich gehe rückwärts.

Hüpfspiel: Zerlegungen von 10 finden und eintragen; Wegespiel: Additions- und Subtraktions-
aufgaben ausrechnen, Weg von 1 bis 20 einzeichnen.

6 ..... Erfinde Hüpfspiele.

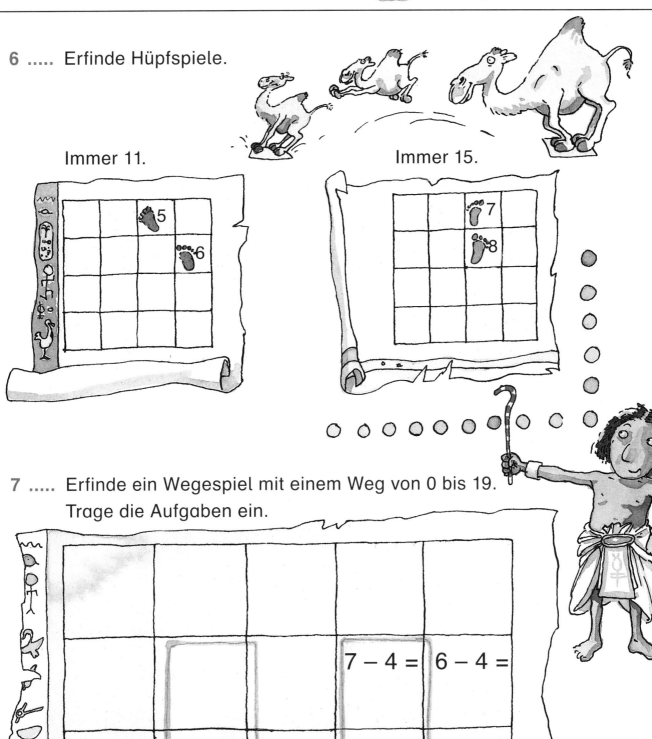

Immer 11.

Immer 15.

7 ..... Erfinde ein Wegespiel mit einem Weg von 0 bis 19.
Trage die Aufgaben ein.

$7 - 4 =$ $6 - 4 =$

$8 - 7 =$

Hüpfspiele: Zerlegungen von 11 und von 15 finden; Wegespiel: Aufgaben mit Ergebnissen
von 0 bis 19 passend eintragen.

Die Baumeisterprüfung

1 ..... Rechne Minus-Aufgaben.

a) 20 – 3 = __   b) 12 – __ = 8   c) __ – 4 = 12

13 – 9 = __   15 – __ = 6   __ – 8 = 7

19 – 4 = __   13 – __ = 7   __ – 3 = 14

14 – 7 = __   11 – __ = 3   __ – 5 = 8

18 – 5 = __   17 – __ = 11   __ – 7 = 6

16 – 8 = __   14 – __ = 9   __ – 6 = 9

2 ..... Trage die fehlenden Zahlen ein.

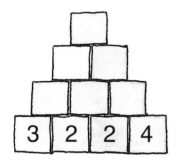

3 ..... Fülle die Tabellen aus.

+	3		4
5		13	
			8
7			13
	12		
12			

–		8		6
19				
11	8			
				11
14			7	
			8	

4 ..... Der Baumeister bekommt vom Pharao diese Zahlen:

Welche Pyramidenzahlen findest du?
Zeichne den Baumeisterhut auf die größte Pyramidenzahl.

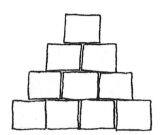 

5 ..... Der Baumeister bekommt diese Zahlen:
Er soll daraus zwei Pyramiden mit der
Pyramidenzahl 15 bauen.

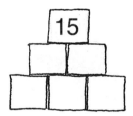 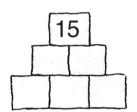

6 ..... Trage die Zahlen
von 1 bis 9 in
den Zauberkreis ein.

7 ..... Lege mit den Zahlen
von 1 bis 9 die Zauberkreise
der 12 und der 18.

Der Pyramidenbau-
meister hat die
Prüfung geschafft.

Aus vorgegebenen Zahlen verschiedene Pyramidenzahlen errechnen; sechs Zahlen so auf zwei
Pyramiden verteilen, dass jeweils die Pyramidenzahl 15 herauskommt; Zauberkreis ausfüllen;
weitere Zauberkreise legen.

1 ..... Rechne.

a) 10 – 4 = ___   12 – 6 = ___   16 – 8 = ___   17 – 8 = ___

  20 – 4 = ___   13 – 6 = ___   14 – 8 = ___   18 – 9 = ___

  10 – 7 = ___   15 – 7 = ___   12 – 8 = ___   11 – 9 = ___

  20 – 7 = ___   16 – 7 = ___   10 – 8 = ___   12 – 10 = ___

b) 7 + 4 = ___   6 + 6 = ___   7 + 8 = ___   2 + 9 = ___

  8 + 4 = ___   8 + 4 = ___   6 + 9 = ___   3 + 9 = ___

  9 + 4 = ___   9 + 7 = ___   5 + 10 = ___   4 + 9 = ___

  10 + 4 = ___   7 + 4 = ___   8 + 7 = ___   5 + 9 = ___

c) 6 + ___ = 10   3 + ___ = 10   ___ + 3 = 12   ___ + 4 = 8

  16 + ___ = 20   5 + ___ = 12   ___ + 5 = 13   ___ + 4 = 18

  4 + ___ = 10   7 + ___ = 14   ___ + 7 = 15   ___ + 2 = 6

  14 + ___ = 20   9 + ___ = 16   ___ + 2 = 11   ___ + 2 = 16

2 ..... Rechne.

  7 + 4 + 2 + 1 = ___   8 + 7 + 2 + 3 = ___

  4 + 5 + 3 + 2 = ___   6 + 5 + 4 + 5 = ___

  9 + 3 + 1 + 5 = ___   3 + 6 + 7 + 2 = ___

  2 + 2 + 5 + 4 = ___   5 + 1 + 6 + 6 = ___

3 ..... Trage ein.

+	2	4	6	8
3				
5				
7				

–	3	5	7	9
12				
14				
16				

Fit mit Leonardo

4 ..... Trage ein.

+	5		9
5	8		
	8		
4			6
		13	
8			

−		4	6
7	4		
		11	9
6			
		9	
			10

5 ..... Trage ein.

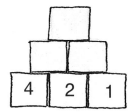
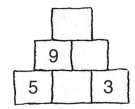
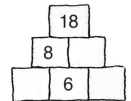

6 ..... Hüpfe vor oder zurück.

+3 : 1, 4, ___ , ___ , ___ , ___ , ___

+2 : 0, 2, ___ , ___ , ___ , ___ , ___ , ___ , ___ , ___ , ___

+5 : 2, 7, ___ , ___

−4 : 19, 15, ___ , ___ , ___

−6 : 20, 14, ___ , ___

7 ..... Rechne.

9 + 9 = ___	7 + 7 = ___	5 + 5 = ___	3 + 3 = ___
8 + 8 = ___	6 + 6 = ___	4 + 4 = ___	2 + 2 = ___

Alles dreht
sich im Kreis

9 Uhr
10 Uhr
11 Uhr
12 Uhr
13 U
Vormittag
Mittag
8 Uhr
7 Uhr
Morgen
6 Uhr
5 Uhr
4 Uhr
3 Uhr
2 Uhr
1 Uhr
24 Uhr
0 Uhr
Nacht
3 Uhr

Wachet auf!
Es krähet der Hahn.
Die Sonne betritt ihre
güldene Bahn.

Tageskreis kennen lernen; Tagesablauf bewusst machen; erzählen, was an einem Tag passieren
kann; Aktivitäten den passenden Tageszeiten und Uhrzeiten zuordnen.

Wunschtag von Elena

Geister-Stunde
24 Uhr

1 ..... Male deinen Tag.
2 ..... Male deine Woche.

Wochenkreis und Wochentage kennenlernen; Aktivitäten innerhalb einer Woche den Tagen zuord-
nen; eigenen Tagesablauf aufmalen; Leporello oder Tageskreisposter zu einem Tag oder einer
Woche herstellen.　　**121**

Uhrzeiten

Ein Tag hat 24 Stunden.

Der kleine Zeiger zeigt
die Stunden an.

Der große Zeiger zeigt
die Minuten an.

Es ist 4 Uhr oder 16 Uhr.

1 ..... a) Trage die Stunden ein.
     b) Wie spät ist es?

Es ist ___ Uhr

oder ___ Uhr.

2 ..... Wie spät ist es?

a)
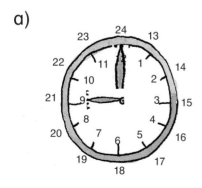

Es ist ___ Uhr

oder ___ Uhr.

b)

Es ist ___ Uhr

oder ___ Uhr.

c)

Es ist ___ Uhr

oder ___ Uhr.

Wochentage

Eine Woche hat sieben Tage.

Heute ist Montag.

Morgen ist Dienstag.

Übermorgen ist Mittwoch.

Gestern war Sonntag.

1 ..... Schreibe die Namen der Wochentage.

M o _ _ _ _   D i _ _ _ _ _ _   M i _ _ _ _ _ _

D o _ _ _ _ _ _ _   F r _ _ _ _ _

S a _ _ _ _ _   S o _ _ _ _ _

2 ..... Trage ein.

Heute ist   _____

Morgen ist   _____

Übermorgen ist   _____

In drei Tagen ist   _____

Heute ist   _____

Gestern war   _____

Vorgestern war   _____

Vor vier Tagen war   _____

Uhrzeiten lesen

1 ..... Wie spät ist es? Trage ein.

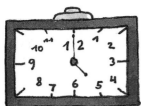

_____ Uhr _____ Uhr _____ Uhr

_____ Uhr _____ Uhr _____ Uhr

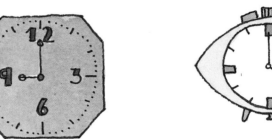

_____ Uhr _____ Uhr _____ Uhr

_____ Uhr _____ Uhr _____ Uhr

_____ Uhr _____ Uhr _____ Uhr

_____ Uhr _____ Uhr _____ Uhr

Uhrzeiten einstellen

1 ..... Trage den kleinen Uhrzeiger ein.

10 Uhr 15 Uhr 18 Uhr 5 Uhr

2 ..... Trage passende Uhrzeiten ein.

Vormittag Morgen Mitternacht Nachmittag

_____ Uhr _____ Uhr _____ Uhr _____ Uhr

3 ..... Finde passende Uhrzeiten. Trage den kleinen Uhrzeiger ein.

Abend Nacht Nachmittag Morgen

_____ Uhr _____ Uhr _____ Uhr _____ Uhr

4 ..... Zeichne eine Uhr in dein Heft.

Uhrzeiten auf einer Uhr einstellen; Uhrzeiger richtig einzeichnen; Tageszeit und Uhrzeit zuordnen;
eine Uhr abmalen oder aus dem Gedächtnis zeichnen.

Die Woche

1 ..... Trage ein.

a) Heute ist Montag, der 8. Juni.

Morgen ist _____ ,

der _____

Übermorgen ist _____ ,

der _____

In vier Tagen ist _____ , der _____

b) Morgen ist Dienstag, der 16. Juni.

Gestern war _____ ,

der _____

Vorgestern war _____ ,

der _____

2 ..... Schau im Kalender nach. Trage ein.

	Wochentag	Datum
heute		
morgen		
gestern		

3 ..... Welche Wochentage fehlen? Trage ein.

a)

Montag	Dienstag		Donnerstag

b)

	Freitag		Sonntag

Fit mit Tagen und Stunden

1 ..... Wie spät ist es? Trage ein.

_____ Uhr   _____ Uhr   _____ Uhr   _____ Uhr

_____ Uhr   _____ Uhr   _____ Uhr   _____ Uhr

2 ..... Trage den kleinen Uhrzeiger ein.

2 Uhr   8 Uhr   13 Uhr   17 Uhr

3 ..... Trage ein.

a) Heute ist Freitag, der 19. Juni.

Morgen ist _____ , der _____

In drei Tagen ist _____ , der _____

b) Heute ist Sonntag, der 7. Juni.

Übermorgen ist _____ , der _____

Vor fünf Tagen war _____ , der _____

4 ..... Wann hat das Schwimmbad geöffnet?
Schreibe oder male.

5 ..... Wann hat der Zahnarzt
Sprechstunde?
Schreibe oder male.

Schwimmbad
Öffnungszeiten:
Mo   geschlossen
Di   7 Uhr – 18 Uhr
Mi   8 Uhr – 22 Uhr
Do   7 Uhr – 18 Uhr
Fr   8 Uhr – 22 Uhr
Sa   8 Uhr – 19 Uhr
So   8 Uhr – 14 Uhr

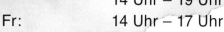

Dr. med. dent.
Freundlich
Sprechzeiten:
Mo, Di, Do: 7 Uhr – 12 Uhr
                 14 Uhr – 19 Uhr
Fr: 14 Uhr – 17 Uhr

Uhrzeiten ablesen; kleinen Zeiger passend einzeichnen;
Wochentage bestimmen; Öffnungszeiten ablesen und für mindestens einen Wochentag
aufschreiben oder aufmalen.

Das Sommerfest

Programm

15 Uhr   Imbiss

16 Uhr   Singspiel

17 Uhr   Spiele

18 Uhr   Aufräumen

Lose
1 Los 20 Cent
6 Lose 1 €

Bestellungen
Brötchen: ||||| ||||| ||||| |||||
||||| ||||| 30
Würstchen: ||||| ||||| ||||| ||||| 20

Besucher	
Kinder	Erwachsene
||||| ||||| ||||| ||||| ||||| |	||||| ||||| ||||| ||||| ||||| ||||| ||||| |||||

1 ..... Erzählt, wie die Kinder
das Fest vorbereiten.

2 ..... Zählt Dinge auf dem Bild.
Vergleicht die Anzahlen.

Über Zehneranordnungen, Strichlisten und Spiele sprechen; Anzahl der Würstchen
mit den Bestellungen vergleichen; eigenes Fest planen.

Immer zehn zusammen

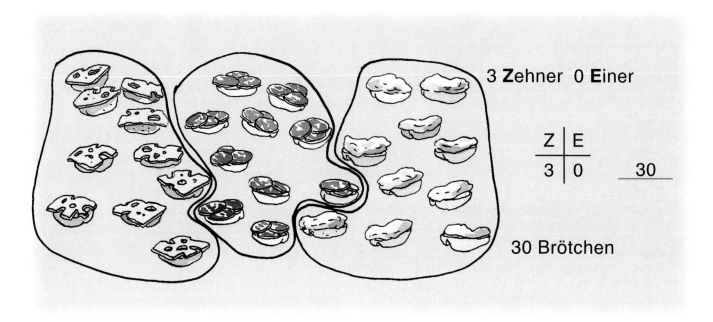

3 **Z**ehner 0 **E**iner

Z	E
3	0

30

30 Brötchen

1 ..... Kreise immer zehn ein. Trage ein.

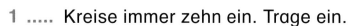

Z	E

_____

_____ Gummibärchen

Z	E

_____

_____ Würstchen

Z	E

_____

_____ Quadrate

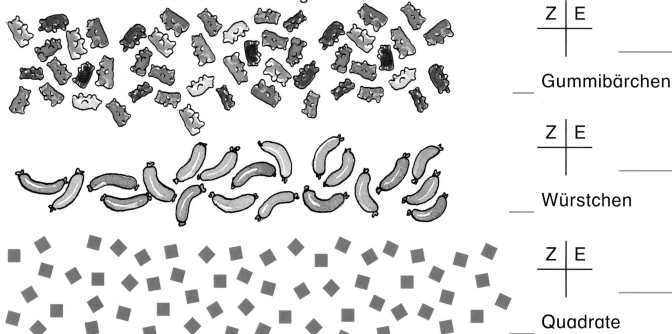

2 ..... Male Dreiecke, kreise immer zehn ein.

Z	E
4	0

40

40 Dreiecke

Zehnerbündelungen üben; immer zehn einkreisen; Anzahl in die Stellentafel eintragen;
selbst malen und einkreisen.

Große Mengen und Zahlen

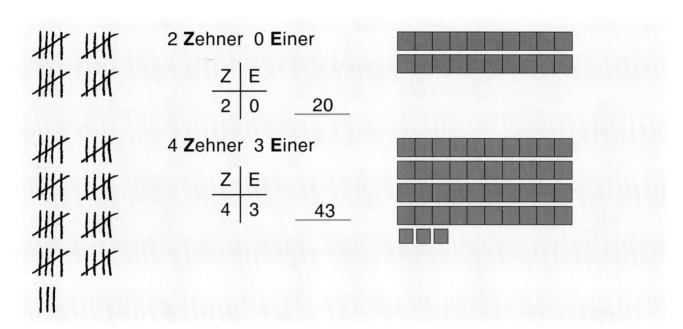

2 **Z**ehner 0 **E**iner

Z	E
2	0

20

4 **Z**ehner 3 **E**iner

Z	E
4	3

43

1 ..... Lege eine Strichliste an und trage ein.

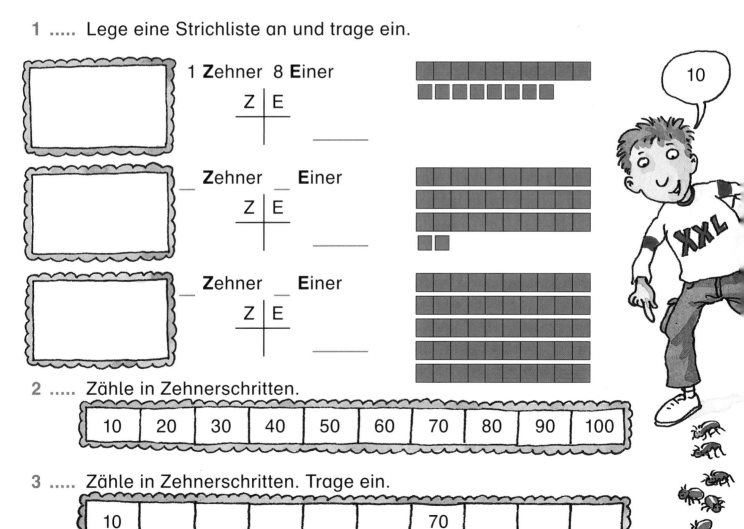

1 **Z**ehner 8 **E**iner

Z	E

_____

10

___ **Z**ehner ___ **E**iner

Z	E

_____

___ **Z**ehner ___ **E**iner

Z	E

_____

2 ..... Zähle in Zehnerschritten.

10	20	30	40	50	60	70	80	90	100

3 ..... Zähle in Zehnerschritten. Trage ein.

10						70			

Ringe werfen

$10 + 20 = 30$

1 ..... Schreibe und rechne.

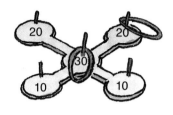 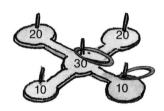 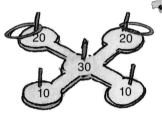

___ + ___ = ___   ___ + ___ = ___   ___ + ___ = ___

2 ..... Rechne.

$10 + 10$ = ___	$30 + 30$ = ___	$70 + 10$ = ___
$20 + 20$ = ___	$50 + 30$ = ___	$80 + 20$ = ___
$30 + 10$ = ___	$50 + 10$ = ___	$60 + 30$ = ___

3 ..... Schreibe und rechne.

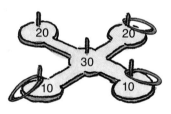 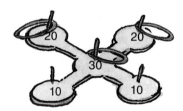 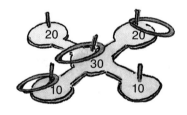

$10 +$ ___ + ___ = ___   ___ + ___ + ___ = ___   ___ + ___ + ___ = ___

4 ..... Rechne.

$10 + 10 + 10$ = ___	$20 + 30 + 10$ = ___	$80 + 10 + 10$ = ___
$10 + 30 + 30$ = ___	$50 + 40 + 10$ = ___	$60 + 20 + 10$ = ___

5 ..... Sina wirft zwei Ringe. Sie hat 50 Punkte.

6 ..... Amal wirft drei Ringe. Sie hat 60 Punkte.

Addition von Zehnerzahlen mit zwei und drei Summanden üben;
Sachaufgaben im Heft lösen.

Dosen werfen

$$100 - 40 = 60$$

1 ..... Schreibe und rechne.

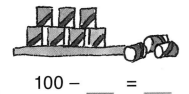

100 – ___ = ___   100 – ___ = ___   100 – ___ = ___

2 ..... Nino wirft. Es fallen sieben Dosen herunter.

3 ..... Sara wirft. Es bleiben vier Dosen stehen.

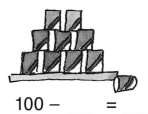

4 ..... Rechne.

60 – 60 = ___   80 – 10 = ___   90 – 90 = ___

30 – 10 = ___   80 – 30 = ___   90 – 80 = ___

70 – 10 = ___   80 – 80 = ___   90 – 0 = ___

5 ..... Rechne. Setze fort.

100 – 0 = ___   50 – 0 = ___   70 – 0 = ___

100 – 10 = ___   50 – 10 = ___   70 – 10 = ___

100 – 20 = ___   50 – 20 = ___   70 – 20 = ___

100 – 30 = ___   50 – ___ = ___   70 – ___ = ___

100 – ___ = ___   50 – ___ = ___   70 – ___ = ___

6 ..... Zähle in Zehnerschritten rückwärts. Trage ein.

100									

Zahlen bis 100

1 ..... Färbe und trage ein.

20

30

60

90

10

40

80

100

70

1	2	3	4	5	6	7	8	9	
11	12	13	14	15	16	17	18	19	
21	22	23	24	25	26	27	28	29	
31	32	33	34	35	36	37	38	39	
41	42	43	44	45	46	47	48	49	50
51	52	53	54	55	56	57	58	59	
61	62	63	64	65	66	67	68	69	
71	72	73	74	75	76	77	78	79	
81	82	83	84	85	86	87	88	89	
91	92	93	94	95	96	97	98	99	

2 ..... Zähle. Wie weit kommst du?

3 ..... Zeige: 50, 18, 69, 24, 96, 25, 43, 100, 12, 30, 47

4 ..... Rechne.

$$2 + 2 = \_\_$$ $$4 + 5 = \_\_$$ $$1 + 6 = \_\_$$

$$20 + 20 = \_\_$$ $$40 + 50 = \_\_$$ $$10 + 60 = \_\_$$

$$3 + 3 = \_\_$$ $$4 + 4 = \_\_$$ $$5 + 5 = \_\_$$

$$30 + 30 = \_\_$$ $$40 + 40 = \_\_$$ $$50 + 50 = \_\_$$

5 ..... Rechne.

$$10 - 4 = \_\_$$ $$8 - 7 = \_\_$$ $$9 - 9 = \_\_$$

$$100 - 40 = \_\_$$ $$80 - 70 = \_\_$$ $$90 - 90 = \_\_$$

Hauptgewinne

Losnummer

Losnummer

Losnummer
62

Losnummer

Losnummer
40

Losnummer
90

Losnummer

Losnummer

Gutschein

Losnummer

Losnummer

1 ..... Trage die Losnummern ein.

2 ..... Male die Gewinne zu den Losnummern 40 und 90.

3 ..... Trage die fehlenden Zahlen in die Tafel ein.

Losnummern eintragen; Gewinne malen; fehlende Zahlen in die Hunderter-Tafel eintragen.

135

Inhaltsübersicht

	Thema	Lerninhalte	Übungen
	Ich bin ein Schulkind 4–11	Zahlen von 1 bis 10; verschiedene Zahlaspekte; Ziffernkurs	Mengen, Zahlenkarten und Strichlisten einander zuordnen; zählen; Mengen malen; Anzahlen einkreisen; in der Umwelt Zahlen finden; Ziffern schreiben
	In der Klasse 1 12–19	Zahlen von 0 bis 20; Vorgänger und Nachfolger; Ziffernkurs	Mengen, Zahlenkarten und Strichlisten einander zuordnen; zählen; Mengen malen; Anzahlen einkreisen; Vorgänger und Nachfolger bestimmen; Zahlenreihen vervollständigen; Ziffern schreiben
	In der Bauecke 20–27	Bauen und Legen mit Würfeln; Größer-/Kleiner-/Gleich-Beziehungen	Mit Holzwürfeln bauen; Würfelmengen und Zahlenkarten einander zuordnen; Relationszeichen einsetzen; Vorgänger und Nachfolger bestimmen; Figuren aus fünf Würfeln legen; Würfelgrundrisse durch Umfahren zeichnen
	Fit mit Leonardo 28–29	Vermischte Aufgaben	Ziffern schreiben; zählen; Zahlenkarten und Strichlisten einander zuordnen; Anzahlen einkreisen; mit Würfeln bauen; Relationszeichen einsetzen; Vorgänger und Nachfolger bestimmen
	Spiele zum Zerlegen 30–37	Additive Zerlegung der Zahlen bis 10; Pluszeichen; Tauschaufgaben	Plättchen werfen; Zerlegungen schütteln; Zerlegungshäuser ausfüllen; Zerlegungsbilder und Zerlegungen einander zuordnen; nach vorgegebener Zerlegung Würfel und Plättchen legen; Felder und geometrische Muster färben

	Thema	Lerninhalte	Übungen
	Herbst 38 – 45	Geometrische Formen: Quadrat, Dreieck, Rechteck und Kreis	Formen zeichnen; Quadrat, Rechteck und Dreieck aus einem Quadrat falten und schneiden; ebene Figuren mit Plättchen aus- und nachlegen; Papierflieger und Drachen falten
	Das Plus-Minus-Haus 46 – 53	Addition und Subtraktion im Zahlenraum bis 20 ohne Zehnerübergang; Minus- und Gleichheitszeichen	Additions- und Subtraktionsaufgaben mit Würfeln und mit Plättchen im Zwanzigerfeld veranschaulichen; Plättchen malen und wegstreichen; Addition und Subtraktion als Gegenoperationen, Gleichheitszeichen als „ist gleich" erkennen; Rechenzeichen einsetzen; Umkehr- und Ergänzungsaufgaben
	Klassen-flohmarkt 54 – 61	Münzen und ihre Werte	Einkaufssituationen nachspielen; Geldbeträge legen; Geldbeträge bestimmen; Münzen wechseln; mit Geldbeträgen rechnen; Ungleichungen; Ergänzungsaufgaben
	Fit mit Leonardo 62 – 63	Vermischte Aufgaben	Addieren und subtrahieren; Plättchen malen und wegstreichen; Zerlegungshäuser ausfüllen; geometrische Formen zeichnen; drei Summanden addieren
	Alle Jahre wieder 64 – 71	Ordnungszahlen; Datum und Kalender; Vertiefung geometrischer Grunderfahrungen; Vertiefung der Addition und Subtraktion	Ordnungszahlen bestimmen, lesen und schreiben; Daten lesen und schreiben; Kalenderblätter vervollständigen; Zahlenfolgen erkennen; Päckchen nach Anleitung falten; nach Vorschrift färben; addieren und subtrahieren; Rechensterne

Inhaltsübersicht

Thema	Lerninhalte	Übungen
Frühling 102–109	Datum; Tabellen; Vorerfahrungen zum Längenbegriff; Ordnungszahlen	Erbsen säen; Wachstum beobachten; Wachstumsprotokoll anfertigen; Streifen in den Längen der Pflanze abschneiden und als Diagramm anordnen; Reihenfolge bestimmen und Ordnungszahlen eintragen; Daten lesen, schreiben und ordnen; Keime zählen und Anzahlen in eine Tabelle eintragen; Anzahl hinzugekommener Keime bestimmen; Verteilungen mit Strichlisten auszählen; Zahlenfolgen; operative Übungen; Ergänzungsaufgaben; Rechenblumen
Der Pyramiden-baumeister 110–117	Vertiefung der Addition und Subtraktion	Addition und Subtraktion spielerisch üben; mehr als zwei Summanden addieren; Zerlegungs- und Ergänzungsaufgaben; Zahlenpyramiden; Zauberkreise; Tabellen
Fit mit Leonardo 118–119	Vermischte Aufgaben	Addieren und subtrahieren; operative Übungen; Analogieaufgaben; Verdopplungsaufgaben; Zahlenfolgen; Tabellen; Zahlenpyramiden; vier Summanden addieren
Alles dreht sich im Kreis 120–127	Zeitpunkte auf volle Stunden; Wochentage	Tageskreis und Wochenkreis kennen lernen; Uhrzeiten lesen, schreiben und einzeichnen; Uhrzeiten und Tageszeiten einander zuordnen; Wochentage lesen, schreiben und bestimmen; Öffnungszeiten von Schildern ablesen
Das Sommer-fest 128–135	Ausblick auf den Zahlenraum bis 100; Addition und Subtraktion von Zehnerzahlen	Sommerfest vorbereiten; Strichlisten anfertigen; Zehnerbündelung erkennen und selbst durchführen; große Anzahlen zählen, in die Stellentafel eintragen; bis 100 in Zehnerschritten zählen; Zehnerzahlen bis 100 schreiben; drei Summanden addieren; Subtraktionsaufgaben; Analogieaufgaben; Sachaufgaben; in der Hunderter-Tafel Zahlen zeigen, lesen, zuordnen und eintragen

Leonardo
Mathematik 1. Schuljahr

Herausgegeben von
Doris Mosel-Göbel
und Martin Stein

Erarbeitet von
Caroline Armbruster, Claudia Brall, Christa Greven,
Heidrun Grottke, Barbara Hägele-Gulde,
Gabriele Hinze, Brigitte Hölzel, Ursula Keunecke,
Anette König-Wienand, Klaus Rödler und Gisela Schobbe

Unter Mitwirkung von
Andrea Baulig, Sonja Burk und Angelika Quast

Illustrationen:
Volker Fredrich, Hamburg

Fotos:
Bert Butzke, Mühlheim
Bruno Burk, Ludwigsburg (S. 10 Abb. 1,3,8,10)

ISBN 3-425-02261-X
Ausgabe in lateinischer Ausgangsschrift
© 2001 Verlag Moritz Diesterweg GmbH & Co., Frankfurt am Main

Typografie: Raphaela Mäntele, Büro für Gestaltung, Heidelberg
Umschlaggestaltung: Volker Fredrich (Illustration) und Raphaela Mäntele (Typografie)
Satz und Reproduktion: PHG Lithos, München
Druck und buchbinderische Verarbeitung: Stürtz AG, Würzburg

987 654 321